이성을 지배하는
감성의 힘 코어

이성을 지배하는
감성의 힘 코어

초판 1쇄 발행 2014년 12월 1일

지은이 김태정 · **발행인** 권선복 · **편집주간** 김정웅 · **편집** 정희철 · **디자인** 김소영 · **전자책** 신미경 ·
마케팅 서선교 · **발행처** 도서출판 행복에너지 · **출판등록** 제315-2011-000035호
주소 (157-010) 서울특별시 강서구 화곡로 232 · **전화** 0505-613-6133 · **팩스** 0303-0799-1560 ·
홈페이지 www.happybook.or.kr · **이메일** ksbdata@daum.net

값 12,500원

ISBN 979-11-5602-080-6   13190

도서출판 행복에너지는 독자 여러분의 아이디어와 원고 투고를 기다립니다. 책으로 만들기를
원하는 콘텐츠가 있으신 분은 이메일이나 홈페이지를 통해 간단한 기획서와 기획의도, 연락처
등을 보내주십시오. 행복에너지의 문은 언제나 활짝 열려 있습니다.

INTO THE CORE

이성을 지배하는 감성의 힘 코어

김태정 지음

Prologue

Positive thinking and challenging mind are core elements of making a good life.

세상에 태어나 의미 있는 삶을 산다는 것은 자유롭게 산다는 것과 같다.

자유롭다는 것은 하고 싶은 것을 한다는 것과 같다.

하고 싶은 것을 한다는 것은 도전한다는 것과 같다.

도전한다는 것은 포기하지 않는다는 것과 같다.

포기하지 않는다는 것은 항상 긍정적인 것과 같다.

인생은 절대로 포기하지 않고 긍정적인 생각으로 끊임없이 도전하는 것에서 그 의미를 찾아야 한다.

긍정적인 사고방식과 도전정신

하지만 대한민국의 현실은 창의적인 생각을 할 시간을 주지 않는다. 그렇다면 창의적인 생각을 할 수 있게 만드는 생활 방식은 어떤 것일까? 미국에서 물리학 박사과정을 밟던 한 지인이 포기하고 돌아왔던 일화가 생각난다. 그는 이렇게 말했다.

"우리나라 사람은 아무리 머리가 좋아도 순수과학만큼은 미국 사람들을 당할 수 없을 것 같아. 물론 내 능력이 부족한 것도 있겠지만, 무엇보다 생각하는 방식 자체가 달라. 우리는 사물이나 현상을 마주할 때 어떤 공식을 대입해서 해석해야 할지를 찾는데, 미국 순수과학자들은 그것이 무엇인지 직접 경험하기 위해 노력하더라고. 이러한 차이 때문에 더 이상 적응할 수 없어서 돌아왔어."

내 나름대로 이 말을 해석해보면 다음과 같은 결론을 내리게 된다. 선진국에서는 행동하는 지성을 원한다. 행동이 없는 지성은 공상에 지나지 않는다고 여긴다는 것이다. 반면 대한민국 사람들은 사물이나 현상을 바라볼 때 그것을 시험문제로 생각한다. 출제자가 있는 시험문제는 언제나 답이 있기 마련이지만, 그 답은 출제하는 사람의 지식 한도 내에서만 만들어진다. 하지만 실제 세상에서 접하는 현상이나 사물들은 정해진 답이 없을 때가 대부분이다. 정답을 얻기 위해서는 직접 경험을 하고 느껴봐야 한다. 즉, 직접 부딪히고 싸우는 과정을 거쳐야 한다. 이러한 행동 방식의 바탕은 '긍정적인 사고방식Positive Thinking'과 '도전정신Challenging Mind'에 있다.

우리가 자라고 교육받았던 어린 시절을 떠올려 보기 바란다. 우리의 부모님들은 언제나 "조심해라.", "늦게까지 놀지 마라.", "다친다.", "책상에 앉아서 공부해라." 등의 말들만 하셨던 것 같다. 지금은 더 심하다. "학원 가야지.", "그만 놀아라[1].", "숙제는 했니?", "그렇게 공부 안 하고 이다음에 커서 뭐 될래?" 등등 참 획일화되고 이상한 교육 방식을 지향하고 있다. 대한민국에서는 긍정적인 사고방식 대신 '비평적인 사고방식'이 현명한 것이고 도전정신이 아닌 '보신주의'와 '경쟁심'만 배우고 자랐다. 결과적으로 우리 모두는 시키는 것만 잘해야 하는[2] 좀비Zombie로 자랐던 것 같다.

세상을 바꾼 위대한 과학자 또는 발명가들의 성공담 몇 가지만 예를 들어도 도전정신과 긍정적인 사고방식이 얼마나 중요한지 금방 느낄 수 있다. 비행기(동력비행기)를 세상에 나오게 한 라이트 형제Wright Brothers; Wilbur Wright, Orville Wright를 생각해보자. 그들은 위대한 물리 공식을 가지고 동력 비행기를 고안해 내지 않았다. 신념에 목숨을 건 수많은 실험 비행을 바탕으로 지금의 비행기를 세상에 나오게 했다.[3] 그들의 목숨을 건 도전이 없었다면[4] 지금의 비행기는 그들이 특허를 출원한 1903년보다 더 늦게 만들어졌을 것이다. 당시 최초의 비행은 12초였고 거리는 36.5m밖에 못 날았지만, 그들의 시도는 모든 것을 다 걸고(긍정적인 사고방식) 시도한 위대한 것(도전정신)이었음에 틀림이 없다. 또 다른 예로 퀴리 부인(Marie

---

1) 아이들에게 무언가 하지 말라고 하는 대신, 스스로 하지 말아야 할 것들을 적어보게 하는 것은 어떨까.
2) 실제로 잘하는지도 의문이다.
3) 개인적으로 지금도 A380 같은 거대한 물체가 하늘을 날아가는 것이 신기하기만 하다.
4) 그전에도 그랬고, 이후에도 누군가가 도전했겠지만

Curie; 1867~1934, 1903년 노벨 물리학상, 1911년 노벨 화학상)을 생각해보자. 그녀는 라듐 원자를 발견했다. 그녀는 이 원자를 발견하기 위해 목숨을 건 실험을 수없이 시도했다. 그 결과 병에 걸렸지만 인류를 위한 위대한 과학자로 인정받고 스스로 만족해했다. 이러한 긍정적인 사고방식을 바탕으로 한 도전정신이 인류를 발전시켜 왔다.

대한민국의 이른바 '공부 잘하는 사람들'은 어떤가? 외국어고등학교나 과학고등학교를 나와서 서울대학교에 간다. 운 좋게 부모 잘 만나면 외국에서 MBA나 기타 석사 학위를 받는다. 그리고 월급 많은 직장에 들어가면 그것으로 인생이 완성됐다고 생각한다. 주변에서 칭찬을 많이 받게 되니 스스로 만족해 할 명분이 된다. 이렇게 타고난 재능을 연봉 많이 받는 직장에 들어가기 위해서 사용하고 직장에 들어가서는 구조조정 당하지 않으려고 영혼 없이 시키는 일만 열심히 한다. 그렇게 인류에 아무런 도움도 되지 않는 간판에 만족하고 살아간다.

그렇다면 빌 게이츠William H. Gates나 스티브 잡스Steven Paul Jobs는 왜 대학교를 마치지 않았을까? 그 좋은 '간판'을 말이다. 그들은 간판이 자신이 살아갈 도전적인 삶에 아무런 도움이 되지 않는다고 판단했고 더 좋은 기회[5]에 자신의 미래를 걸었다. 그들에게는 긍정적인 사고방식이 충만했다. 사실 미국 대학교는 벤처기업을 운영하면서 졸업하기란 거의 불가능하다.[6]

---

5) 자신이 원하는 행복한 삶을 살아가는
6) 대한민국처럼 대학교가 그리 느슨하지 않기 때문이다.

한편, 대한민국 가수 싸이PSY가 세계를 뒤흔드는 성과를 만들었다. 그가 성공할 수 있었던 이유는 운이 따른 것도 있겠지만, 무엇보다 포기하지 않는 도전정신 때문이다. 누가 뭐래도 자신의 음악 스타일을 밀어붙여 이룬 결과로 '강남스타일' 역시 전형적인 그만의 음악 세계를 잘 표현한 곡이다. 긍정적인 사고방식을 바탕으로 한 도전정신은 철학적으로 보면 '감성이 지배하는 이성'을 뜻한다. 경험에 의해 충만한 감성을 키우고, 이를 바탕으로 지식을 쌓아 실천한다면 세상을 바꿀 수 있는 위대한 것을 탄생시킬 수 있다. 긍정적인 사고방식으로 도전하는 인생을 살아보기 바란다.

이 책은 왜 쓰게 되었나?

이 책을 쓴 이유는 크게 두 가지이다.

먼저 이 책에서 이야기하고자 하는 코어링의 최종 목표는 '행복하게 사는 것'이다. 행복하게 사는 것은 긍정적인 사고방식을 가지고 도전하는 삶을 사는 것이다. 행복한 삶을 능동적으로 사는 방법은 코어링을 통해 느낀 것을 곧바로 행동에 옮기는 것이다. 그리고 그 행복을 간직하려면 모든 것을 기록해야 한다. 다시 말해 방어적인 행복 추구가 불행을 피하는 것이라면, 능동적인 행복 추구는 직접 찾아 나서는 것이다. 그리고 그 행복을 유지하는 방법은 기록하는 것이라는 결론을 얻을 수 있다. 필자도 행복을 유지하는 방법으로 기록을 하고 있다. 그 기록을 책으로 남기고 싶기 때문이다.

두 번째 이유는 필자의 현재 상황과 관련이 있다. 필자는 기러기 아빠다. 유학을 목적으로 해외에 간 것이 계기가 되어, 기러기 아빠 생활을 한지 벌써 6년이 되어 간다. 가정생활에 소홀하다는 죄책감이 늘 마음속에 자리 잡고 있다. 더불어 부모님으로부터 물려받은 생활 방식과 삶의 철학을 자녀들에게 전수해 주어야 하는 의무의 소홀함이 또 하나의 큰 죄책감으로 늘 따라다닌다. 이렇다 보니 시간과 공간을 초월해서 아이들과 소통하고 싶었다. 이런 문제점들을 해결하는 가장 효과적인 방법이 책을 쓰는 것이라 생각했다.

얼마나 많은 독자들에게 이 책이 읽혀질지 모른다. 하지만 이 책은 필자의 아이들에게 읽히게 될 것이고, 아이들은 이 책의 내용을 발전시켜서 그들의 아이들에게 전수할 것이라 믿는다. 그동안 필자를 짓누르고 있던 가족들에 대한 죄책감을 이 책의 출간을 통해 조금이나마 떨쳐버릴 수 있었으면 좋겠다.

이 책을 존경하는 부모님과 사랑하는 가족에게 바친다.

김태정

추천사

숙명여대 명예교수 · 호서대 초빙교수

송 인 섭

김태정 작가가 코어라는 주제로 자신의 삶의 철학과 경험을 토대로 세상에 내놓은 본서 '이성을 지배하는 감성의 힘'을 접하고 한국의 교육 현실에서 부모님들이 한번 읽었으면 하는 생각을 강하게 갖게 되었습니다.

본서의 출발은 바로 내 사랑하는 자녀가 어떻게 하면 좀 더 행복하게 삶을 영위하게 할 것인가에 대한 답을 주려는 메시지가 담겨져 있습니다. 타인에 의해 좌우되는 삶의 방식이 아니라 자신의 삶을 자생적이고 창의적으로 이끌기 위해 필요한 자기주도적인 학습과 행동을 통하여 또 하나의 창조적인 자신만의 나를 만드는 방법을 설명하고 있습니다.

　우리의 현실은 자녀들의 성적에만 집착한 나머지 부모의 뜻대로 자녀를 통제하려 합니다. 이 같은 과거의 잘못된 습관에서 벗어나 자녀의 진정한 행복을 열기 위해 과연 부모님의 행동은 어떠해야 하는지에 대한 지혜를 담고 있습니다. 내 사랑하는 자녀와 함께하는 행복하게 소통하는 방법, 잘못된 부모님들의 자녀에 대한 과욕을 버리는 방법, 자녀가 주인이고 부모님은 미래를 여는 자녀를 돕는 안내자의 역할과 방법을 소개하고 있습니다.

　내 자녀를 미래 사회에 주역으로 만들고 싶은 부모가 가져야 할 자세와 행동에 대해서 명쾌하게 제시하고 있습니다.

　본서를 긍정적으로 행복한 삶을 사는 자녀를 꿈꾸는 학부모들과 선생님들에게 강력하게 추천합니다.

　김태정 작가는 부모에게서 얻은 행복을 추구하는 방법에 대해서 잘 정리했고, 그것을 본인의 자녀에게는 물론이고 세상에 널리 전파해 보고자 하는 뜻깊은 일을 하고 있습니다.

『딥스마트』 저자
이 정 규

　　지금은 기억도 가물거리는 1990년대 중반에 TJ를 처음 만났습니다. TJ는 동료들과 소프트웨어 용역 개발로 학비를 벌고 있었고, 틈틈이 컴퓨터 잡지에 기고도 하였습니다. 그의 글을 보고 제가 먼저 연락을 하면서 TJ는 뜻밖의 여정을 시작합니다. 저는 그를 인턴사원으로 채용하였고 결국에는 정규직으로 입사하도록 코칭을 한 것이 인연이 되어 20년이 넘게 좋은 관계를 유지하고 있습니다. 한편, 같이 일하던 TJ의 후배는 대기업에 입사하는 대신, 소프트웨어 개발에 올인하여 지금은 큰 부자가 되었습니다. TJ가 제 권고를 따른 것을 속상해 하였을지도 모르겠습니다.

　　우리가 만난 1994년은 인터넷이 우리나라에 최초로 소개되는 시점이었습니다. 저도 인터넷이 낯설기는 마찬가지였습니다. 인터넷이란 것이 무엇인가 궁금하여 홍대입구의 인터넷 카페를 가본 적이 있습니다. 사장이 건넨 명함에는 생뚱맞게 'Chief Dreamer'라는 직함이 찍혀 있었습니다. 정말 꿈처럼 20년이 지났습니다. 인터넷은 SNS와 클라우드 서비스로 진화하여 현대인에게 없어서는 안 될 정도로 지금은 우리 삶의 일부가 되었습니다. 이렇게 급속도로 이루어진 기술 변화를 따라잡을 수 있도록 도와준 TJ는 남다른 식견으로 저를 코칭해주는 후배입니다. 제가 맥, 아이패드, 아이폰에 빠지게 만든 것도 모두 TJ 덕분이지요.

그동안 제가 지켜봐왔던 TJ는 20년이 넘도록 혁신적인 기술 트렌드에 민감하게 반응하였고, 새로운 개인정보기기를 항상 먼저 구입하는 테크놀로지 리더로서의 삶을 살았습니다. 제가 일한 다국적 기업, 벤처, 국내 대기업까지 3곳의 공간에서 같이 일했으니, 인연이 남다르지요. 30대의 TJ는 너무 이성적이고 합리적이어서 가끔씩 그에게 "사람은 이성보다도 감성으로 움직인다."라고 조언한 기억이 납니다. 이제 TJ는 40대 중반의 에너지 넘치는 리더가 되었습니다. 그에게서 최근에 '코어링'이란 용어를 듣게 되었습니다. 처음에는 무슨 말인지 참 어려웠지만 원고의 목차를 읽어보니 금방 메시지들이 이해가 되었습니다. 기술에 경도된 TJ의 관심에 균형이 생겼습니다. 어느새 인문학적 식견이 깊어지고 넓어져서

저도 이젠 배움을 청하게 되었습니다.

　저자는 행복을 향한 핵심을 경험하는 행동을 '코어링'이라 정의합니다. 코어링은 이성과 감성을 모두 아우릅니다. 어찌보면 코어링은 동양의 중용사상 같기도 하고, 그리스 소요학파의 화두와 같고, 선불교의 "이뭐꼬?"와 통하는 것도 같습니다. 코어링은 삶에서 지향해야 할 절대적 가치에 대하여 생각하고, 그것을 통해 얻은 답을 끊임없이 실천하고 검증하는 구도 과정입니다. 철학자와 같은 난해한 논리가 아니라, 행복을 향한 절제된 행동과 삶의 균형을 강조하는 행위를 코어링이라 하고 있습니다. 그러나 남이 그려주는 코어가 아니라, 자연인으로서 독자들이 제각기 찾아야 할 서로 다른 코어가 존재할 것입니다. 그럼에도 코어링하여 얻어지는 감성적 행복을 보편적 가치로 표현한 저자의 주장에 공감합니다.

　저는 기회가 주어질 때마다 스토리 경영을 이야기하곤 합니다. 사람 사이의 좋은 관계는 강력한 스토리 위에 세워집니다. 스토리는 나의 소중한 시간을 상대에게 공여해야 만들어집니다. 그러므로 "당신의 이름을 지우면 내 인생이 설명되지 않는다."라는 말처럼 둘 사이의 강한 관계를 설명하는 말은 세상 어디에도 없습니다. 부모와 자식 간의 스토리가 그렇고, 연인과 부부의 관계가 그렇습니다. 제 인생에서도 TJ의 이름을 지우면 설명하지 못할 만큼 그는 제 삶의 중요한 부분을 차지하고 있습니다. 아마도 TJ도 제 이름을 지우면 자신의 인생에서 설명하지 못할 빈 곳이 많이 있을 것이라 믿습니다. 앞으로도 같이 만들어갈 멋진 스토리가 기대됩니다.

독자 여러분들도 '코어에 집중하는 코어링'을 실행에 옮겨서 더욱 의미 있고, 풍요로우며 행복한 삶을 만들어 가시길 기원합니다. 저는 이 책이 그러한 방향을 찾아가는 데 필요한 통찰력을 던져줄 것으로 믿습니다. 그 첫 번째 실천은 가장 소중한 사람에게 당신의 사랑을 고백하는 일입니다. 그리고 스토리를 만들어 가세요. 인생은 무의미한 일을 하기엔 너무나 짧기 때문입니다. 어찌보면 코어링은 '행복한 스토리 만들기'로 풀어서 말할 수 있겠습니다. 행복을 향하여 '코어링'을 행하는 당신을 '코어링 마스터'라고 부르고 싶습니다.

코어가 여러분과 함께하기를 빕니다.

　김태정 형님을 볼 때마다 '참 행복하게 사는 분이구나'라는 생각을 안 한 적이 없습니다.

　일단 태정 형님은 일을 하면서 행복해합니다. 1세대 IT 전문가로 IBM, 현대차 그룹 등 국내외 굴지의 회사에서 활약했고, 항상 새로운 일을 재미있게 하는 게 신기하기만 합니다. 또 형님은 사람들로부터 큰 행복을 찾습니다. 형님의 페이스북 친구가 3,000명이 넘는데, 대부분이 '절친'이어서 놀라곤 합니다. 게다가 '기러기 아빠'인데도 누구 못지않은 화목한 가정을 꾸리고….

　그렇게 사는 비결이 뭘까 정말 궁금했는데 이 책에 다 나와 있네요. 핵심을 느끼고, 느낀 것을 행동으로 옮기는 '코어링'!

　많은 분들이 이 책에서 행복의 비결을 발견하셨으면 좋겠습니다.

코어를 읽으면서 '니체'를 생각하게 되었습니다.

현실에 안주하지 않고, 더 높은 이상을 향해 끊임없이 뛰어가는 '초인' 같은 삶을 그려내려는 작가의 창조성이 강렬하게 느껴지는 책입니다.

이 책에서 말하는 코어란 현실의 벽을 뛰어넘는 '창조적 자유'입니다. 김태정 작가는 이 책에서 진정으로 '자유로운 삶을 사는 방법'이 무엇인지 그려내고 있습니다.

현실이라는 거대한 장벽을 뛰어넘지 못하고 안주하고 있는 수많은 사람들에게 추천할 만한 책입니다.

법무법인 강호 대표변호사
박 찬 훈

행복하려면 코어링하세요~

저는 통신공학을 전공한 탓에 변리사, 변호사로서 일하면서 적잖은 ICT 전문가들을 만나 왔습니다. 그중 김태정 대표는 그 누구보다도 매력적이었습니다. 첫 만남에서 그는 웃음 가득한 얼굴로 그가 동료와 함께 발명한 통신 기술을 유쾌하게 소개했습니다. 통신 기술은 그 자체로 혁신적이었고 서비스 플랜의 탁월함이 매우 놀라웠습니다. 매우 흥미롭고 놀라운, 콜럼버스 달걀 이야기 같기도 한 '혁신적 통신 기술'도 인상적이었지만 무엇보다 행복한 느낌이 충만한 김태정 대표의 웃는 얼굴이 남다르게 인상적이었습니다. 이후 자주 만나고 이야기를 나누면서 그러한 김태정 대표가 지닌 충만한 행복의 느낌이 오랜 시간 동안 깊게 단련되어 형성된 것임을 알게 되었습니다.

그는 탁월한 ICT 전문가임은 말할 것도 없지만, 단순한 기술 전문가가 아닙니다. 기술이 실제 서비스로써 고객에 마음을 여는 과정에 대한 놀라운 통찰력을 가지고 있고, 기업과 조직 경영의 핵심에 대한 깊은 내공을 갖고 있으며 그것을 쉽게 설명하는 탁월한 언변을 가지고 있습니다. 또한 사람의 행복에 대한 깊은 통찰이 있습니다. 그런 그와는 그냥 즐거운 대화를 했을 뿐인데, 돌이켜 보면 매번 자연스럽게 스타트업, 경영, 사람에 대한 중요한 깨달음을 얻었음을 느끼게 됩니다.

이 책을 통해 그의 깨달음에 대해 좀 더 자세하게 배울 수 있어서 개인적으로 매우 좋았습니다. 바쁜 시간임에도 이러한 글을 쓴다는 것은 가족에 대한 깊은 사랑, 이웃에 대한 깊은 관심이 없이는 도저히 불가능한 일이지요. 정말 좋은 책을 탄생시킨 김태정 대표에게 감사합니다. 그의 가족과 기업에 '코어링'에 의한 '행복 열매'가 가득하길 기원합니다.

이 책을 읽으면서 저자 스스로 오랫동안 '코어링'했던 시간들이 생생하게 느껴졌습니다. 김태정 대표에게 충만한 행복의 느낌이 자연스럽게 넘쳐났던 이유가 바로 '코어링'이었음을 알게 되었습니다. 그리고 이 책의 '코어링'에 비추어 제 삶을 돌아보았습니다. 놀랍게도 제 행복의 비밀샘들이 만들어지는 과정이 바로 이 책의 '코어링' 과정과 매우 유사하다는 것을 발견할 수 있었습니다. 김태정 대표의 '코어링'이라는 개념을 생각하지는 못했지만 저 역시 '코어링'을 통해 김태정 대표의 기법을 미리 임상 실험한 셈이지요.

또한 아직도 제 인생에서 행복의 비밀샘이 만들어지지 못한 부분을 이 책의 기준에 비추어 보니, '코어링'하지 않았던 영역임을 발견할 수 있었습니다. 앞으로는 이 책의 제안대로 제 인생 전반을 '코어링'해보려 합니다.

추천사를 읽는 분들께도 이 책이 소개하는 대로 '코어링'해보시기를 적극 권유 드립니다! 이미 우리 안에는 복잡계를 단순계로 만들 수 있는 아름다운 힘이 있지만 우리가 그 아름다운 힘을 쓰지 않기에 스스로를 더욱 복잡하게 만드는 것이겠지요.

이제는 행복과는 무관한 헛된 욕망이나 막연한 두려움과 힘찬 이별을!

마음속에 솟아나는 열정이 닿는 곳을 두려움 없이 직시하시고 힘차게 '코어링'하시길!

그리하여 행복한 느낌이 충만한 삶 되시길 기원드립니다!

JTBC 사업기획단장
함 종 선

어렵고 모호기만 한 '행복하게 사는 길'이 사실은 너무나 쉬운 개념이었고 우리와 가까운 곳에 있음을 아주 편안한 서술과 비유로 표현하고 있는 책.

'코어링'의 대단한 역할과 기능을 자세하게 조명함으로써 그동안 '행복'에 접근하기 위해 우리들이 해왔던 오해와 억측들이 얼마나 비효율적이며 허약한 기반 위에 있었는지를 통쾌하게 보여주고 있습니다.

KBS 보도국 차장
민 승 훈

얼마 전 저자는 책을 하나 준비하고 있다고 했다. 저자와 본인은 약 20여 년 전 대학 시절을 함께 보내며 당시에 대학생치곤 조숙하게도 다양한 사회활동을 한 적이 있었는데, 그 당시 몇 권의 컴퓨터 관련 서적을 출간한 일이 있었다. 그래서 당연히 준비하고 있는 책이 컴퓨터 관련된 내용이려니 싶었는데 뜻밖에 그렇지 않았다.

몇 달 전 저자는 본인에게 한번 읽어 달라며 초고를 불쑥 내밀었다. '이성을 지배하는 감성의 힘, 코어?'

피트니스 운동 시 코어 운동이라는 것에 대해서는 많이 들어봤지만 갑자기 행복해지려면 코어를 하라니 무슨 말일까 하는 호기심이 책의 내용에 강하게 이끌리게 만들었다. 그런데 책을 읽으며 비로소 35년을 함께 했던 저자의 삶이 바로 책에 고스란히 녹아들어 있음을 알게 되었다.

그간 살아온 인생의 경험을 저자는 이미 하나하나 실천하며 능동적으로 행복을 추구하고 있었던 것이었다. 본인이 살아오면서 그동안 만난 사람들 중 저자만큼 삶에 대해 긍정적이고 주도적인 사람을 만나본 적이 없다. 그리고 무엇보다 중요한 것은 그것이 저자가 말하는 코어인지는 모르겠지만 누구보다도 더 실천적으로 행동으로 옮기는 사람이라는 것이다. 그 내용이 바로 저자의 책에 고스란히 녹아들어 있는 것이다.

저자는 지금 이 책을 출간할 무렵 대한민국의 스타트업 기업의 성공 확률 0.2%라는 스타트업 기업에 함께 도전하고 있다. 그 스타트업 기업의 성패로 『이성을 지배하는 감성의 힘, 코어』라는 이 책의 내용을 검증이라면 검증하게 될 수도 있을 것인가?

이 책의 출간과 더불어 저자의 스타트업 기업이 성공하는 1,000개 중 2개의 기업에 들어가길 간절히 희망해 본다.

교사
윤은식

사람들은 살아가면서 많은 선택과 결정을 합니다. 그러나 그것들이 추구하는 방향에 대해서는 그리 많은 고민을 하지 않는 것 같습니다. 그저 시류와 대세가 몸을 맡길 뿐입니다. 그러다 보니 요즘같이 불확실성이 큰 시대에는 이리 갔다 저리 갔다 하거나 현실을 받아들이지 못하고 극도로 안전한 길만을 가기도 합니다.

이쯤에서 한번 생각해 봐야 할 것이 있습니다. 과연 우리 인생에서 진정으로 중요한 것은 무엇인지, 그것을 위해 무엇을 해야 하는지, 핵심적이지 않은 것에 너무나도 많은 시간을 버리고 있지는 않은지 돌아보아야 합니다.

　지금 자신의 삶이 이렇다고 느낀다면 코어링에 대해서 한번 읽어보기 바랍니다. 이 책의 저자는 어린 시절부터 남들이 가는 것처럼 빨리 가는 삶을 살지 않았습니다. 뭔가 새로운 것에 계속 도전하였는데 그 과정에서 성공하기도 하고 실패하기도 했었습니다. 그런 경험을 바탕으로 인생에서 진정으로 중요한 것과 우리가 해야 할 것에 대해 이야기하고 있습니다.

　핵심core 가치가 무엇인지, 무엇에 도전해야 하는지 생각해 볼 좋은 기회가 될 것이라 믿습니다. 추천사를 쓰는 본인조차 뭔가 삶에 대해 다시 생각해 보고 있으니 말입니다.

　본인이 필자를 알게 된 지도 35년이 흘렀습니다. 그동안 참 세월이 많이 흘렀다. 긴 시간 동안 생각도 갈고닦은 내공의 열매를 이 책을 통해 보게 되어서 그리고 여기에 추천사를 보탤 수 있게 되어 영광입니다.

　늦가을 계룡산이 보이는 서재에서 친구가.

저자 김태정 님은 제게는 미국 이름 Tadd Kim이 더 익숙합니다.

가장 좋은 위치에서 만나, 지금은 서로에게 멘토링을 해주고 있는 형제 같은 분입니다. 항상 끊임없는 사업가Entrepreneur로서 인류에게 조금 더 편안한 삶을 만들어 주기 위한 것을 끊임없이 개발하고 계신 모습을 볼 때마다 나는 그의 친구라는 것이 자랑스럽습니다I'm Proud to be friends with him.

IT 전문가 및 경영 컨설팅 그리고 교육 사업에서 성공을 거두시는 모습을 볼 때마다 알게 된 것은 흔들리지 않고 끊임없이 그곳에서 '코어'를 발견하고 계신다는 점입니다. 바로 이 책에서 말하는 그 '핵심'을 느낄 수 있는 증거가 아닐까 생각합니다.

인생은 곧 관계입니다. 그 관계에서 가장 중요한 것은 나 자신과 상대방이 '코어'를 함께할 때 더욱 발전한다고 생각합니다.

사람에게는 누구나 아픔이 있습니다. 코어링을 통해 인생의 아픔도 스스로 이겨낼 수 있다는 것이 저자가 설명하고자 하는 중요한 부분이 아닌가 생각합니다.

이제 이것을 행동으로 옮기는 시간입니다. 여러분도 코어링을 실천해 보십시오!

우리의 인생을 변화시켜줄 코어링에 대한 해답이 바로 이 책에 있습니다.

Contents

1부

코어의 정의 및 방법

1

코어해야
미래를 준비할 수 있다

우리가 살아가고 있는 현대사회를 첨단 과학이 지배하는 융합의 정보화 시대라고 말한다. 이러한 시대의 특징은 다음과 같다.

변화의 속도가 빠르다.

받아들일 수 없을 만큼 많은 정보가 쏟아진다.

정보를 빠르게 습득하는 것이 변화에 적응하는 방법이다.

변화에 적응하지 못하면 좀비가 된다.

1%의 리더 그룹이 99%의 좀비를 다스린다.

한번 좀비 그룹에 들어가면 빠져나오기 쉽지 않다.

그럼에도 불구하고 우리가 살아가야 할 시간은 길어지고 있다.

　그렇다면 이러한 시대에 살아가야 하는 삶의 자세는 어떠해야 할까? 또, 그 삶의 자세를 유지하기 위해서 준비해야 하는 것은 어떤 것들이 있을까? 고민하고 실천하지 않으면 안 된다. 세상에서 가장 바보 같은 일이, 알면서도 준비하지 않고 무시하는 것이다. 이렇게 알면서도 행동하지 않는 사람들을 '천성이 게으른 사람'이라고 표현한다. 세상에서 가장 저질인 종류에 들어가는 것이라 판단할 수 있겠다. 어쩌면 천벌을 받은 불쌍한 사람이라 생각할 수도 있다. 결국 가장 구제하기 힘든 종류의 사람이다. 1%의 선의의 선구자들이 볼 때 가장 최악의 좀비처럼 느껴지는 존재다. 우리는 적어도 이런 최악의 좀비가 되어서는 안 된다. 이렇게 '천성이 게으른 사람'은 최악의 좀비이면서도 불행하게 살게 된다. 항상 모든 일에 비관적이고 늘 모든 일에 나쁜 면만을 보게 된다. 그러면서도 이런 상황을 이겨내려 행동하지 않는다. 마치 1 더하기 1이 2가 되는 것[1] 때문에 자신이 불행하다고 느끼면서 사는 것 같다. 참으로 한심한 일이 아닐 수 없다.

　여기서 말하는 코어는 세상을 선과 악으로 나누려는 것이 아니다. 세상을 선과 악으로 나누는 일은 종교에서 하고 있다. 코어는 잘사는 것과 못사는 것, 행복한 것과 불행한 것으로 세상을 나누

---

1) 당연하게 대중에게 받아들여지는 법칙이나 사실로 인정되는 것

어 평가하는 방법이다. 설령 신이 존재해서 세상을 선과 악으로
분리해놓고 현재를 선한 세상이거나 또는 악한 세상으로 이미 규
정지었다 할지라도, 분명히 행복하게 살아가는 방법은 있게 마련
이다. 행복하게 살아가는 가장 명확한 방법은 스스로 생각하는 것
을 실천하면서 사는 것이다. 즉, 자신이 처한 상황을 깨닫고 미래
에 대한 꿈을 그리고, 그 꿈을 이루기 위해서 실천하는 것이 인간
이 해야 할 가장 기본적이고 당연한 일이라 하겠다. 이렇게 당연
한 일을 하면서 행복하게 살아가는 좋은 방법이 코어링Coring이다.

2
코어는
앎이 아닌 느낌이다

대한민국은 안타깝게도 코어링할 수 있는 환경을 제공해주지 못하고 있다. 학생들은 3개월에 한 번씩 시험에 시달려야 하고, 그 시험에 실패하면 곧바로 인생 낙오자가 된다고 배우고 있다. 그리고 어떤 것의 핵심을 볼 시간이나 기회조차 주어지지 않은 채 시험 잘 보는 바보[1]로 세상에 나오게 된다. 또, 세상에 나와서는 소위 좋은 직장에 들어가는 것만이 1등으로 인식되므로 코어링할 수 있는 기회조차 주어지지 않는다.

최소한 어떤 것에 코어링하여 무엇인가 느끼게 되려면 3개월이 필요하다. 한 가지에 90일 가량 집중해야 한다. 그런데 대한민국

---

[1] 문제가 무엇인지 파악하지 못하고 때로는 문제가 무엇인지 알고도 해결하려는 의지가 없는 인간형을 말한다.

에서는 3개월간 학교생활이나 직장을 떠나 살아갈 수 있는 방법
이 없다. 학창 시절은 고사하고 사회생활 초년의 5년간은 꿈도 꾸
지 못할 일이다. 사회 초년생은 직장의 문화에 적응해야 하고 상
사에게 잘 보여야 한다. 남들보다 빨리 승진해야 하고 자신의 자
리를 굳게 만들어가야 한다.

물론 이렇게 살아가는 것이 잘못된 삶은 아니다. 오히려 유능한
사람은 초년의 직장생활에서도 코어링을 시도할 수 있다. 직장생
활의 핵심 역량은 무엇인가? 모시고 있는 상사가 진정으로 원하
는 것은 무엇인가? 그리고 상대하는 고객들을 감동시킬 방법은
무엇인가? 등등 코어링할 주제를 스스로 정할 수 있다. 하지만 이
렇게 해도 그 핵심에 접근하지 못할 가능성이 높다. 왜냐하면 진
정으로 스스로 원해서 하게 되는 고민이 아닐 가능성이 높기 때
문이다.

진정한 코어링은 삶을 지배하고 있는 것들이어야 한다. 당장 직
장 상사의 비위를 맞추는 것이 자신의 삶을 지배하는 유일한 것
이라 생각할 수도 있지만, 사실은 그렇지 않을 가능성이 높다. 내
삶에서 중요한 것은 직장 상사보다 가족이나 친구일 가능성이 더
높다. 대부분의 사람들은 부정하지 못할 것이다.

다시 생각해보자. 일상에서 매일 접하는 공기와 같은 존재로 가
족이 있다. 분명하고 의심의 여지가 없다. 당연히 항상 옆에 있는

사람들로 여기고 있을 것이다. 하지만 그 사람들이 없다면 나의 존재는 어떤 가치가 있을까? 마치 공기와 같이 평소에는 의식하지 못하지만, 그것이 없다면 내가 존재할 수 있을까? 가족에 대한 핵심 가치가 여기에 있다. 내가 살아가는 원천이 바로 내 가족들임을 알 수 있다. 그런데 직장생활이 힘들다는 핑계로 가족의 서열을 뒤에 두게 된다. 결혼을 해도 마찬가지이다. 직장에서 성공하는 것이 먼저인지, 가족과 행복하게 지내는 것이 먼저인지 고민해봐야 한다. 심각하게 고민하고 또 고민해보아야 할 문제다.

코어링이란 이런 것이다. 핵심을 느끼는 것을 말한다.[2] 여기서 느낀다는 것은 안다는 것 이상을 의미한다. 예를 들어 사랑은 아는 것이 아니라 느끼는 것이다. 음악이나 미술과 같은 예술도 아는 것이 아니고 느끼는 것임을 이해해야 한다. 핵심을 느껴야 그것이 행동으로 이어질 수 있다. 그냥 알고 있는 것과는 다르다. 가족을 행복하게 하기 위해 그 방법을 생각하게 되고, 그 생각을 실천에 옮기게 된다. 즉, 가족을 행복하게 해야 한다는 사실을 알고 있어서가 아니라 느끼기 때문에 그렇게 행동하게 된다. 이것이 아는 것과 느끼는 것의 차이라고 할 수 있다.

---

2) 핵심을 느끼는 과정에는 반드시 경험이 필요한데 이렇게 경험하는 것을 코어링 (Coring)이라 한다.

좀 다른 예가 되겠지만 인간을 지배하는 것이 이성이라고 생각하는 사람들이 많다. 하지만 역사를 살펴보면 세상을 변화시킨 대부분의 것들은 감성에서부터 나왔다. 지금 해야 할 일은 공식을 외우는 것이 아니고, 그 공식을 정확히 어디에 쓸 것인지 감성적으로 판단하는 일이다. 지금 필요한 것은 단순히 우리가 물리학이나 화학에서 이야기하는 공식이나 화학기호가 아니다.[3]

물리학이나 화학을 직업으로 삼고 있는 사람이나 이번 주 내에 이와 관련된 시험을 봐야 하는 사람이 아니라면, 그것을 다 외우고 있을 필요도 없다. 심지어 필요하다면 인터넷Internet을 통해 검색해보면 된다. 모든 사물이나 현상을 감성의 시각으로 파고들어보라. 껍질을 벗기는 작업은 이성이 해야겠지만, 이성은 단지 어떤 것의 껍질을 벗겨내는 도구일 뿐이다. 결국 껍질을 벗겨내고 핵심을 들여다보는 것은 감성으로 봐야 한다는 것을 명심하자. 그래야 진정으로 그 핵심을 느낄 수 있게 된다.

이렇게 이성과 감성을 사용하여 경험하는 것을 코어링이라 한다. 그리고 어떤 사물이나 현상의 핵심을 느끼고 나면, 그 핵심은 단순한 것임을 알 수 있게 된다. 마치 1+1=2를 처음 알게 된 때를 돌이켜보라. 얼마나 기뻤는가! 이 당연한 사실을 알게 되고 심지

---

3) 물리학 공식이나 화학기호는 무언가를 증명하기 위해 사물이나 현상에 대해서 그 핵심 요소들을 융합(Convergence)할 때 사용하는 도구이다.

어 그것을 느끼게 되었을 때 가졌던 감정이 어떤 것인지 되짚어
보라. 코어가 어떤 것인지 느낄 수 있을 것이다.

3
코어는
경험으로 느낄 수 있다

복잡한 공식이나 수치가 들어간 학문의 증명은 대부분 합리적 가설이 출발점이다. 과학도 그렇고 인문학도 그렇다. 그렇다면 그 가설은 어디서 시작되는 것일까? 대부분은 감성적인 느낌에서 시작된다. 더 나아가 감성적인 느낌은 어디서 나오는 것일까? 그것은 경험해 온 모든 것들로부터 나온다. 우습게도 사람들은 자신이 느낀 모든 것들이 자기가 똑똑해서 얻게 된 특별한 능력 덕분이라고 착각한다. 안타깝지만 인간은 경험하지 못했던 것에 대해서 알 수 없게 되어 있다. 독서를 통해서 얻을 수 있는 간접경험도 실험이나 연구를 통해서 직접 경험해보아야 진정으로 깨달을 수 있다. 코어링은 이렇게 경험을 통해서 사물이나 현상의 핵심을 느끼게 되는 과정을 말한다.

과거를 돌이켜 보자. 1+1=2는 수학적인 증명을 통해서 알게 된 것이 아니다. 대부분 사과 한 개가 있고 거기에 또 한 개가 더해지면 두 개가 된다는 것을 경험으로 알게 된 것임이 분명하다. 이러한 경험이 느낌으로 남아 있어서 1+1=2라는 수학의 기본적인 요소를 잊지 않게 된 것이다. 그렇다면 복잡한 수학 공식이나 이론들은 어떨까? 고등수학에 나오는 미적분을 1+1=2와 같이 느낌으로 이해하는 사람은 많지 않다. 일반인들이 미적분을 1+1=2와 같이 이해한다는 것은 매우 어렵다. 왜냐하면, 일상에서 미적분을 경험한다는 것은 거의 불가능하기 때문이다. 한편, 왜 대학에서 가르치는 경제학 서적이 어려운 것일까? 경제학 자체가 어려워서 관련 서적이 어려운 것일까? 경제학을 매도하기 위해서 이러한 표현을 하는 것이 아니다. 경제학 서적은 그것을 잘 이해하고 있는 저자들이 느꼈던 경험을 다른 이들에게 쉽게 전파해주기 위해 문자나 수치로 표현한 것이다. 하지만 불행하게도 두 가지 큰 이유에서 일반 사람들은 경제학 서적을 충분히 이해하고 느낄 수 없다.

첫째는 표현 방식이 문자나 수치이기 때문이다. 즉, 간접경험일 수밖에 없기 때문이다. 그렇다고 문자나 숫자를 하찮은 도구라고 매도하는 것은 아니다. 인류가 발명한 가장 위대한 간접경험 수단이 문자와 숫자라는 것을 인정한다. 하지만 문자나 숫자는 저자가 느끼고 있는 감정을 100% 독자에게 전달해주지 못한다. 때문에 경제학 서적이 어렵게 느껴질 수밖에 없다.

둘째는 아주 잘 쓰여진 글이나 잘 구성된 숫자라 해도 대부분의 학문적인 서적은 독자들에게 감동을 주지 못한다. 즉 감성적인 전달 방법을 사용하지 못해서이다. 이런 것을 '재미없다'라고 표현할 수 있다. 솔직히 재미없는 것 정도가 아니다. 말하는 것으로 따지자면 혼자서 떠드는 의미 없는 소리라고 생각될 정도로 감성적이지 못하다. 사실이 이렇다 보니 독자들은 책에서 이야기하고자 하는 것을 느낄 수 없는 것이 지당한 일이다. 미안하지만 대부분의 교수들도 자신의 전문 분야에서는 뛰어날지 몰라도 독자들에게 무언가를 느낄 수 있게 전달해주는 능력[1]은 부족하다. 학문이라는 것은 아는 것이 아니고 깨달아야 하는 것인데 말이다.

동양적인 사고로 판단한다면 깨닫는 것이 느끼는 것이고, 지금 이야기하고 있는 코어와 아주 유사한 것이라 하겠다. 더불어, 코어는 단순히 깨달음을 넘어서 행동으로 이어져야 한다. 또한, 코어링을 통해 느낀 것들을 융합하여 새로운 것을 창조해내는 것이 행복한 삶이라 하겠다. 세상 모든 핵심들은 다른 것과 결합할 준

---

[1] 타인을 가르치는 사람에게 필요한 것은 경험으로부터 얻은 학문적 깨달음과 그것을 전달하여 느끼게 해주는 능력이 모두 필요하고, 이 두 가지가 융합된 형태가 가르침이 되어야 한다.

비가 항상 되어 있다. 물론 서로 만나서는 안 되는 것도 있지만 대부분 서로 만나게 되면 더 강력한 힘을 얻게 된다. 사람들을 놀라게 하며, 세상을 변화시키게 된다. 이것이 요즘 세상에서 말하는 융합Convergence의 진정한 의미이다.

일부 사람들은 융합을 통해 새로운 것을 만들어 내기 위해 수학 공식이나 공학적 기법을 더욱 잘 이해해야 한다고 주장한다. 그래서 보다 더 고도화된 수학 공식이나 공학적 기법이 필요하다고 말한다. 그리고 그것들을 융합을 위한 도구들이라 주장하며 가르치고 있다. 잘못된 접근 방법이다. 진정으로 융합을 이해하려면, 융합 대상들에 대해서 직접 경험하고 느껴야 하는 것이 먼저이다. 즉, 순수한 핵심을 경험으로 알아가는 코어링이 선행되어야 한다. 책상에 앉아서 머리를 싸매고 공식을 대입하여 문제를 푸는 것으로는 융합이 무엇인지 깨달을 수 없다. 그리고 사물의 핵심을 느끼지[2] 못한 상태에서 융합을 시도한다면 원하지 않은 돌연변이를 만들거나, 세상 사람들이 인정해주지 않는 결과만 만들어 낼 뿐이다.

---

[2] 느낀다는 것은 경험을 통해 이해한다는 것이고 경험을 통한 이해를 구하는 과정이 코어링이다.

4

코어링은
행동을 수반해야 한다

    세상을 변화시켰던 사람들을 보면 모두 '행동하는 지성'이라 표현할 수 있다. 소위 위대한 사람들은 대부분 자신들이 속한 환경에서 충분한 경험을 하면서 성장했다는 것을 알 수 있다. 징기스칸(鐵木眞, 1162 ~ 1227)이 그랬으며, 나폴레옹(Napoléon Bonaparte, 1769 ~ 1821)이 그랬다. 세종대왕이 그러했으며, 에디슨(Thomas Alva Edison, 1847 ~ 1931)이 그랬다. 이뿐이겠는가. 철학적으로 완성되어 있는 성인들은 모두 자신들의 육체와 정신을 세상에 던지고, 그것이 반응하는 현상을 느꼈던 사람들이다. 더 나아가 그들은 타고난 능력으로 느꼈던 것들을 다른 이들에게 전달하기 위해 글이나 그림, 숫자 그리고 행동으로 표현했던 사람들이다. 그래서 세상이 변화하고 발전할 수 있었다.

그런데, 잘 생각해보자. 이렇게 위대한 성인들이나 위대한 업적을 만든 사람들은 어려운 이론에 근거한 복잡한 공식을 만들지 않았다. 위인은 복잡한 공식을 만든 사람이 아니다. 더군다나 우리는 그들과 같은 시간과 공간에 존재하지[1] 않았다. 그렇지만 우리는 위인들이 만들고 전파한 사상에 물들어 살아가고 있다. 이것이 위인들이 우리에게 전파한 느낌이고 코어이다. 그렇다고 과학적으로 위대한 유산[2]을 남겨 준 과학자들을 매도하는 것은 아니다. 예를 들어 뉴튼(Issac Newton, 1643~1727), 아인슈타인(Albert Einstein, 1879~1955)과 같은 위대한 과학자들도 행동하는 지성을 보여준 사람들이다. 평생을 물리적 법칙을 증명하는 데 바쳤던 사람들이다. 세상이 돌아가는 법칙의 핵심이 무엇인지를 타고난 재능을 이용하여 느꼈던 것이고, 그 느낌을 우리에게 전달해주기 위해 노력했다.[3] 위대한 과학자들이 남겨준 공식 자체의 중요성은 물론이고, 왜 그렇게 힘들게 자신들이 느낌을 쉽게 전달해주려 했는지 이해할 필요가 있다. 즉, 간접 경험자들이 가장 이해하기 쉬운 물리 공식이라는 최대한 간단한 방식으로 표현하려 했는

---

1) 동시대에 살고 있지 않기 때문이다. 세종대왕이나 이순신 장군의 음성이나 눈빛이 어떤 것인지 듣거나 보지 못했다는 뜻이다.
2) 복잡한 과학적 깨달음을 일반인이 이해하기 쉽게 설명해준 물리학 공식 등을 말한다.
3) 위대한 과학자들은 경험한 것을 전달하기 위해 가장 간단한 문자인 물리 공식으로 표현하기 위해 노력한다.

지를 깨달아야 한다. 그래야 그들이 경험했던 힘든 과정을 마음으로 받아들일 수 있다. 위대한 과학자들^(직접 경험자)의 경험을 마음으로 이해해야 그들이 만들어 낸 공식을 이용해서 무언가를 재창조할 수 있게 된다.

지금 이 순간에도 전 세계에는 수많은 물리학과 학생들이 아인슈타인의 $E=MC^2$을 외우고 있을 것이고, 이 공식이 포함된 물리 문제를 풀고 있을 것이다. 그런데 왜 그 많은 학생들 중에 아인슈타인에 버금가는 과학자가 흔하게 나오지 않는 것일까? 아인슈타인과 같은 지능을 가진 사람이 적어서일 수도 있다. 하지만 더욱 중요한 것은 아인슈타인만큼 연구하는 대상에 대해서 핵심을 보고자 하는 노력이 부족하고, 그 핵심에 접근하는 방법^(핵심을 느끼는 방법)을 몰라서일 가능성이 더 크다. 아인슈타인과 같은 위대한 과학자가 세운 가설은 사실에 근접할 정도의 확고한 가설에서 출발해야 한다. 그 가설은 경험에서 얻은 확신이어야 한다. 이렇게 확신할 수 있는 감성적인 능력[4]이 있어야 진정한 과학자라 말할 수 있다. 다시 말해, 모든 위대한 사람들은 자신의 분야에서 스스로 코어링하는 방법을 알고 있었고 코어링을 통해 얻게 된 느낌을 통해 행복해했다. 그 행복감을 혼자서 간직하는 것이 아까웠기

---

4) 타인에 의해서나 다른 목적(돈과 명예 등)이 있어서가 아닌, 진정으로 원하는 것을 얻고자하는 의지를 말한다.

때문에 느꼈던 것을 전파하고 싶어 했다. 물론 전파하는 방법도 감동적으로 잘했기 때문에 그들에 의해서 세상이 변할 수 있었던 것은 자명하다. 아무리 선천적으로 똑똑하고 후천적으로 많은 지식을 쌓은 사람이라도 그것을 느끼고, 그 느낌을 세상에 전파하는 방법을 모른다면 무언가 부족한 절름발이라고 할 수 있겠다.

2부

코어링의 시작

일상에서
시작하라

　코어링과 핵심 그리고 행동에 대해서 논의가 깊어짐에 따라 점점 무언가 대단한 것을 상상하게 된다. 물론 큰 그림을 그리고 대단한 것을 논하는 것이 나쁘지는 않다. 꿈이 커야 결과도 크다는 것에 일부 동의한다. 하지만 코어 이론을 거창하다고 생각하는 선입관은 코어링을 시작하는 데 도움이 되지 않는다. 코어링을 통해 얻게 되는 느낌은 거창한 것이 아니다. 오히려 아주 세밀한 것이라 하겠다. 그렇다고 숫자 하나하나에 민감하게 반응하는 그런 세심함은 아니다. 코어링을 통해 소위 좀생원이라고 불리우는 사람이 되어서는 안 된다. 좀생원은 작은 것에 목숨을 거는 사람을 말한다. 소탐대실小貪大失이 좀생원의 전공이다. 코어링은 좀생원이 아니라 마음을 정했다면 그것을 흔들리지 말고 유지하는 강

직한 사람을 지향한다. 코어링하는 강직한 사람은 겉치장이 아닌
핵심을 향해 나아가야 한다. 핵심을 지향하기 위해서 사물을 바
라볼 때, 겉모습만 보아서는 안 된다. 드릴 다운Drill Down 기법[1]을
사용하여 목표한 사물이나 현상의 핵심을 보려고 노력해야 한다.
노력에 노력을 거듭해야 사물이나 현상의 핵심이 무엇인지 알 수
있게 된다. 더 나아가 안다는 것을 넘어서 온몸으로 느껴야 한다.
그냥 아는 것과 깨달음의 차이를 느끼게 되면 코어링을 이해한
것이라고 생각해도 좋다.

　복잡한 현대사회의 첨단 기술에서 벗어나 음악에 대해서 생각
해보자. 어떤 사람도 음악을 싫어하는 사람은 없을 것 같다.[2] 대부
분의 사람들은 장르를 불문하고 늘 음악을 곁에 두고 싶어 한다.
음악이 있으면 즐겁고 마음이 편안해진다. 각자 좋아하는 장르는
다르지만, 음악이 좋다는 것에 반론을 제기할 사람은 별로 없을
것 같다. 그럼 이렇게 좋아하는 음악에 대해서 얼마나 집중해 보
았을까? 한 번 생각해보자. 학창 시절 이어폰을 귀에 꽂고 좋아하
는 가요나 팝송을 들어 본 경험은 누구에게나 있다. 그 노래들 중
에 반복 재생을 통해 50번쯤 연속으로 들었던 노래도 한두 곡쯤은

---

1) 드릴 다운 기법은 가장 요약된 레벨로부터 가장 상세한 레벨까지 차원의 계층에 따라
　분석에 필요한 요약 수준을 바꾸어 가면서 핵심을 파악하는 기법이다(위키백과).
2) 필자의 경우 인생의 30%를 음악으로 채우고 살아가고 싶은 사람이다.

있다. 그런데 정작 그 음악이 어떤 장르에 속하는 것인지? 또는 그 음악에 사용된 악기가 어떤 종류들인지? 그 음악을 작사하고 작곡한 사람들은 누구인지? 심지어 그 음악의 가사가 어떤 메시지를 전하려 하는 것인지를 생각해 본 사람들이 얼마나 되는지 궁금하다. 이렇게 많은 정보를 반드시 알아야 옳은 것이라고 말하려는 것이 아니다. 적어도 자기가 좋아하는 분야에 있어서 왜 내가 이러한 것을 좋아하는지 자세히 깨달아야 할 필요가 있다.

세상 모든 것에 대해서 자세히 알 필요는 없다. 불행하게도 인간은 세상 모든 것을 자세히 알 능력을 갖고 있지 않다. 하지만 인생에 한 번쯤 자신이 관심 있어 하는 분야에 대해서 그 핵심이 무엇인지 살펴보고 느낄 수 있는 기회를 갖는 것이 행복하게 사는 좋은 방법이라 생각한다. 이렇게 인생을 행복하게 사는 방법이 코어링이다. 하지만 안타깝게도 사회는 이렇게 코어링할 시간을 주지 않는다. 중학교와 고등학교 때[3]는 학과 공부에 모든 시간을 보내야 하고, 어렵게 들어간 대학에서는 취직을 위해 어학 공부를 해야 한다. 그리고 취직이 되어서는 경쟁에 이기기 위한 싸움에 전념해야 한다. 이렇다 보니, 한 가지 일에 핵심을 파악하기 위해 코어링하는 것보다 넓게 겉만 확인하고 빨리 그것이 무엇인지

---

3) 심지어 요즘은 초등학교 때부터라고 한다.

를 답하는 사람을 똑똑한 사람이라고 칭찬하고 있다. 지능이 좋게 태어난 사람은 그렇지 못한 사람들보다 사물이나 현상을 빠르게 파악하는 능력을 가지고 있다. 이렇게 지능으로 파악된 사물이나 현상에 대해 알게 된 것을 지식이라고 표현한다. 하지만 그렇게 파악된 지식들이 과연 진정한 사실일까? 알고 있는 지식들이 정말 그 사물이나 현상과 관련된 핵심일까? 그리고 그 지식의 핵심을 진정으로 깨달은 것일까? 좀 더 자세히 생각해봐야 할 문제들이다.

안다는 것과 느낀다는 것은 차원이 다르다. 설령 알고 있는 것이 어떠한 것에 대한 사실일지라도 그것을 깨달음의 단계로 승화시키지 못하면, 알고 있다는 것 자체는 삶에 큰 도움이 되지 못한다. 삶에 도움이 되지 못하는 지식이 과연 왜 필요한 것일까? 이렇게 알고 있다고 희미하게 인지하는 것들에 대해서 혼란스러워한다면 그것은 경험에 의한 깨달음이 부족해서다. 경험에 의해서 느낌으로 깨달음을 얻었었다면 이런 혼란은 없을 것이다. 이번에는 누구나 일상에서 가장 흔하게 갖는 의문점에서 코어링의 예시를 들어보겠다.

세상은 불공평하다. 단 하나 누구에게나 공평하게 주어진 것은 시간밖에 없다. 물론 이 시간도 지구를 떠나 우주 공간 어딘가로 가면 지구에서와 다른 개념이 존재할 가능성이 크다. 그래도 여전히 지구상에서의 시간은 공평하다. 즉, 스티브 잡스에게 주어진 지구상의 하루 24시간과 나에게 주어진 24시간은 같기 때문이다. 이렇게 공평하게 주어진 시간 외에 모든 것은 불공평하다. 각자 태어난 배경도 다르고 능력도 다르다. 타고난 불공평의 조건 하에 살아가야 하는 삶은 불행할 수밖에 없는 것일까? 결국 인간의 삶은 불행함을 피하는 방어적인 것일까? 세상이 불공평하다는 것을 인정하면 흥미로운 숨은 핵심을 깨닫게 된다. 즉, 불공평함에는 모두 다르다는 더 넓은 의미를 포함하고 있음을 알 수 있다. 누구나 타고난 재능이 있음을 역설적으로 표현하고 있다. 따라서 세상의 불공평함은 각자 다른 재능을 가지고 있다는 의미로 해석될 수 있다. 코어링해보면, 각자 특별하게 주어진 재능을 활용하여 누구에게나 공평하게 주어진 시간을 살아가는 것이 인간 삶의 과정이라고 정의할 수 있겠다.

그럼에도 불구하고 불공평함의 오해에 빠지기 쉽다. 예를 들어 보겠다. 사람들은 눈에 보이는 부분에 대해서 자신의 삶을 불공평하다고 평가하는 오류에 빠지곤 한다. '나는 가난한 집에서 태어나, 열심히 노력해서 겨우 오늘날과 같은 사회적 위치에 있다. 하지만 지금 내 삶은 사회적 짐에 짓눌려 힘든 삶을 살고 있다'는 식의 평가 말이다. 현대사회를 살아가고 있는 90% 이상의 사람들이 이같이 생각하면서 살아가고 있다. 특히 화려해 보이는 도시

생활을 하는 사람들에게의 삶을 더욱 힘들게 하는 것이 이러한 자격지심이다. 그런 생각을 하는 이들이 동경하는 삶은 무엇일까? 화려한 고급 아파트에서 잠을 잘 수 있고 멋진 옷과 구두를 신고 다닐 수 있어야 한다. 소위 명품이라고 불리는 브랜드의 가방을 들고 다니면서 값비싼 자동차를 운전하는 삶일 것이다. 그러나 한 번 다시 생각해보자. 정말 그들이 바라는 행복한 삶이 이런 것들에서 비롯될까? 이런 것들이 원하는 시간만큼 지속되면, 정말 그들이 원하는 행복한 삶을 살 수 있는 것일까? 안타깝지만 핵심에서 벗어난 오해에 빠져 있음을 알 수 있다.

대부분의 사람들은 이런 이야기를 하면 진부하다고 한다. 이런 종류의 이야기를 할 때, 나와는 상관없는 일이라 생각하기 때문이다. 하지만 냉정하게 생각해보면, 앞에서 언급한 내용 중 한 가지도 나와는 상관없다고 자신할 수 없을 것이다. 대부분의 사람들은 동감할 것이다. 왜냐하면 앞서 표현한 동경하는 삶은 결국 '남에게 멋지게 보이고 내 삶이 편안해지는 것'이기 때문이다. 이것을 싫어할 사람이 누가 있겠는가? 그래서 진부한 이야기지만, 거짓이 아니라고 말할 수 있다. 냉정하게 이 핵심에 집중해야 불공평한 삶의 오해에서 벗어날 수 있다. 세상에서 유일하면서도 공평하게 주어진 시간을 대입해보면 불공평한 삶의 오해에서 벗어날 수 있다. 세상은 변한다. 과연 10년 후에도 고급 아파트에서 살고 싶어 할까? 또, 지금 부러워하고 있는 명품 가방을 소유했다고 가정한다면, 10년 후에도 소중한 것으로 남아 있을까? 10년 후에도 지금 그렇게 타고 싶어 하는 자동차가 그 값어치를 유지하고 있을까? 답은 자명하게 '그렇지 않다'이다. 이렇게 겉으로 보이는 것들은 핵심이 아니기 때문에 영원하지 않다.

반면 내가 추구하는 삶의 핵심은 변하지 않는다. 즉 '남에게 멋지게 보이고 내 삶이 편안해지는 것'이라는 삶의 핵심 논리는 10년 후에도 변하지 않을 것이다. 그렇다면 남에게 멋지게 보이고 내 삶이 편안해지려면 어떻게 해야 할까? 남에게 멋지게 보인다는 것은 남에게 인정받는 것이 핵심이다. 남에게 인정받기 위해서는 내가 속해 있는 사회에서 필요한 역할을 다해야 한다. 또한, 그 역할이 타인들에게 도움이 되어야 한다. 타인들에게 도움이 되는 역할을 충실히 하기 위해서는 주어진 역할에 대한 핵심을 깨달아야 한다. 알지 못하는 것을 충실히 할 수 없음은 자명하다. 사회에서 주어진 자신의 역할에 충실하지 않으면 남에게 멋지게 보일 수 없다. 다음으로 내 삶이 편안해지는 것의 핵심은 무엇일지 코어링해보자. 삶이 편안하다는 것은 스스로 느끼는 현재 상태의 표현이다. 사회에서 누구에게도 공격받지 않고 도움을 받는 상태에 있을 때 느껴지는 내면적인 상태를 말하는 것이다. 혼자 있고 싶을 때 혼자 있을 수 있고, 영화를 보고 싶을 때 영화를 볼 수 있는 상태가 되어야 한다. 즉, 모든 것으로부터 자유로운 상태가 되어야 가능한 일이다.[4] 여기서는 시간의 개념을 대입해야 정확한 깨달음을 얻을 수 있다. 즉, 스스로 시간의 주인이 되어야 한다는 뜻이다. 어떤 사회에 속해 있던 시간을 스스로 조정하여 사용할 수 있어야 자유로운 상태가 된다. 무언가에 쫓기거나, 원하지 않게 주어진 일이 있다면 시간으로부터 자유로운 상태가 될 수 없다. 자본주의 사회에서 사회생활을 하는 사람이라면 충분한 자본을 가지고 있으면 시간의 주인이 될 수 있다. 결국 시간의 주인이 되어 자유로운 상태가 되는 것이 내 삶이 편안해지는 것임을 알 수 있다.

결국 남에게 멋지게 보이고 내 삶이 편안해지는 것은 행복한 삶을 살기 위한 것이다. 행복한 삶을 살기 위해서 당장 눈에 보이는 것을 좇을 것이 아니라, 사회에서 주어진 자신의 역할을 다하여 모두에게 인정받아야 한다. 그리고 시간의 주인이 되어 자유롭게 하고 싶은 일을 해야 한다. 당장 눈으로 보이는 것은 껍데기일 뿐이다. 나에게 있어 진정으로 필요한 것이 무엇인지를 생각해보고 그것을 얻기 위해 행동에 옮기는 것이 중요하다.

---

4) 여기서 말하는 자유는 일부 철학자들이 말하는 욕심으로부터의 자유를 말하는 것이 아니다. 철학자들이 말하는 자유는 욕심을 버려서 얻어지는 자유로운 상태를 표현하는 것이고, 여기서 말하는 자유는 그것을 추구하는 행위를 말하는 것이다. 자유로움을 직접 추구하는 행위가 곧 자유라는 뜻이다.

2

필자의
사례

핵심을 느낀다는 것이 무엇일까? 아주 중요한 주제에 대해서 생각해볼 시간이다.

코어링은 어떠한 것의 핵심을 느끼고 느낀 것을 행동에 옮기는 것을 말한다. 핵심을 느끼기 위한 방법으로 경험을 강조했다. 어차피 인간의 지능은 한계가 있다. 인간이 지능을 사용해서 파악할 수 있는 세상의 현상이라는 것은 만물의 1% 정도에 지나지 않는다. 결국 상상이 아니라 경험을 통해 감성으로 깨달음을 얻어야 비로소 느낄 수 있는 것이고, 그렇게 되면 인간은 몰입해서 행동하게 되어 있다. 이러한 과정을 코어링이라고 표현한 것이다. 거창하고 화려한 겉모습은 허상에 지나지 않는다. 모든 사물의 핵심은 겉모습과는 다른 것일 경우가 많다. 왜냐하면 그렇게 보이는 겉모습의 형태는 역사나 사회의 변화에 따라 그 모양이 변화하고 있기 때문이다. 하지만 진정한 핵심은 시대와 역사를 초월하여 쉽게 변하지 않는다. 따라서 핵심을 느끼고 느낌에 따라 행동하는 코어링은 시대를 앞서 갈 수 있는 방법이기도 하다. 핵심을 느끼게 되면 그것이 미래에 어떤 모습으로 나타나게 될지 예측이 가능하기 때문이다. 그래서 '코어링'하는 사람은 매사에 자신감이 생겨 현재의 어려움에 흔들리지 않게 된다. 지금부터 코어가 어떤 것인지 좀 더 친숙하게 느끼기 위해 음악과 관련된 필자의 경험부터 이야기해보겠다.

필자는 1980년대에 미국 팝송에 심취해 있었다. 정말 많은 시간을 팝송과 함께한 것 같다. 집에 있을 때에도 친구들과 놀러 나가서도 그리고 독서실에 공부하러 갈 때도 팝송과 함께했다.[1] 이렇게 음악을 좋아하다 보니 자연스럽게 팝송Pop이라는 음악에 대해서 관심을 갖게 되었다. 1980년대 미국의 팝송은 그 어느 나라 음악에서도 찾아보기 힘든 다양성이 존재하고 있었다. 디스코Disco, 락앤롤Rock and Roll, 헤비메탈Heavy Metal, 리듬앤블루스Rythem and Blues는 물론이고 마돈나(Madonna Louise Veronica Ciccone, 1958 ~)와 마이클 잭슨(Michael Jackson, 1958 ~ 2009)이 만들어 낸 새로운 댄스Dance

---

1) 물론 지금도 많은 시간을 음악과 함께한다.

장르에서부터, 당시 막 태동하기 시작한 랩Rap과 힙합Hip-Hop 그리고 재즈Jazz에 이르기까지 정말 소화하기 힘들 정도의 다양성이 존재했다. 그리고 이러한 다양성은 미국에서 살아가고 있는 사람들의 삶과 연관이 되어 있었다. 흑인들의 문화가 어떤 것이며, 이에 반해 백인들의 문화는 또 어떤 것이고 그들의 젊음을 표현하는 방식이 어떤 것이며, 그 속에 내포하고 있는 사상이 어떤 것인지를 알 수 있도록 해주었다. 급기야 필자로 하여금 이런 생각까지 하게 되었다. 왜 그토록 사람들이 마이클 잭슨에 열광했던 것일까? 그가 하는 노래에 무엇이 포함되어 있기에 사람들은 그의 노래에 미쳐있는 것일까? 이런 생각에 도달하자, 그의 음악에 대해서 좀 더 자세히 알아보고자 하는 욕심이 생기게 되었다.

그때에는 학문적인 시도도 아니었고 지금 이야기하고자 하는 코어링하기 위한 목적도 아니었다. 그냥 호기심이었다. 하지만 이러한 호기심과 이를 충족시키기 위한 활동은 진정으로 몰입하는 것이 무엇인가를 느끼게 해주었다. 마이클 잭슨과 관련된 모든 것을 찾아보기 시작했다. 우선 당시 주류를 이루었던 레코드 가게에 가서 자료를 찾아보았다. 동네 레코드 가게에는 그렇다 할 자료가 없었다. 그래서 시내[2]에 있는 큰 레코드 가게에 가보았

---

2) 종로 세운상가 근처

다. 거기서는 미국으로부터 들어온 음악 관련 잡지가 있다는 것을 알게 되었다. 발행된 지 한참이 지난 잡지였지만, 어렵게 구해서 복사한 것을 집으로 가지고 와 영어 사전을 펼쳐놓고 그 내용을 알려고 노력했던 기억이 아직도 생생하다. 사실 영어 공부는 이때 많이 했던 것 같다. 그전까지만 해도 영어가 필요해서 공부해본 적이 없었기 때문이다. 그 다음 찾아간 곳은 당연히 큰 서점이었다. 거기서 팝송과 관련된 서적들을 뒤적이는 것이 중학생 시절의 중요한 일상 중 하나였던 것 같다. 특히 마이클 잭슨의 사진이 나오는 페이지가 있으면 서점 바닥에 자리를 잡고 앉아서 몇 시간이고 한 페이지를 이해하는 데 보내곤 했다. 얼마나 뿌듯했던지 모른다.

그 당시 마이클 잭슨은 바로 비디오와 오디오를 결합한 완벽한 퍼포먼스(Performance, 종합예술)를 구사하는 유일한 존재였다. 그와 그의 노래들을 만들어 낸 퀸시 존스(Quincy Jones, 1933~)라는 프로듀서는 미래에는 노래 자체뿐만 아니라 춤과 무대 구성까지 완벽하게 조화를 이룬 퍼포먼스가 대중음악계의 주류가 될 것이라는 핵심을 파악하고 있었던 것이다. 핵심에 더욱더 몰입하기 위해 마이클 잭슨은 성형수술도 몇 번씩 했으며, 심지어 피부색도 바꾸려했던 것으로 필자는 이해했다. 그가 이렇게까지 했던 이유는 단순히 백인의 그것이 좋아서라기보다는 완벽한 엔터테이너가 어떤 요소들을 가지고 있어야 하는지 핵심을 놓치지 않고 싶었던 것으로 필자는 이해했다. 상상해보라. 만일 마이클 잭슨의 빌리 진Billie Jean이나 비트 잇Beat It이라는 노래가 그 당시가 아니고 지금 발표된다면 어떨까? 단연코 사람들을 열광시킬 것이라 확신한다. 마이클 잭슨은 잘나가는 팝 가수들이 쉽게 빠져들었던 마약에도 빠지지 않았었다. 아동 성추행으로 구설수에 오르기는 했지만, 이렇다 할 나쁜 스캔들에도 휘말린 적이 없었다. 더군다나 2009년 그가 죽기 직전 계획되었던 월드 투어 공연들은 조기에 매진되어 있었다. 당시의 나이가 51세였다는 점을 감안하면 정말 대중음악이라는 것의 핵심을 느끼고 있었던 존재임이 틀림없다. 그래서 우리는 그에게 열광했던 것 같다.

필자는 어린 나이지만 이러한 것들을 깨닫게 되면서 여러 방면의 얕은 정보보다는 핵심에 가까운 몇 가지 정보가 앞으로 나의 삶에 더 크게 영향을 미치게 될 것이라고 느끼게 되었다. 또한 그때를 생각해보면, 마이클 잭슨 및 팝송에 대한 몰입을 통해 깨닫게 된 '인간 삶의 다양성'과 '생각의 다양성'이라는 것은 대한민국의 학교에서는 배울 수 없었던 것들이었다. 그리고 이렇게 깨닫게 된 문화적 다양성은 곧바로 문명의 이기에 대한 호기심으로 이어졌던 것 같다. 이렇게 대중음악이라는 것을 깊이 이해하게 되면서 더 많은 음악을 접하고 싶어졌다. 항상 음악을 내 삶 속에 머물게 하고 싶어진 것이다. 그래서 어려운 가정 형편에도 불구하고 전축Turntable을 사달라고 부모님께 졸랐다. 먼저, 비싼 전축 대신 용돈을 모아서 휴대용 카세트테이프 플레이어를 구매했다. 그런데, 이렇게 오디오 기기들을 접하게 되면서 신기하게도 전자 제품의 작동 원리까지 궁금해지기 시작했다. 턴테이블에서 읽혀진 음악 소리가 오디오 앰프Audio Amplifier를 통해 스피커Loud Speaker에서 울리게 되는 것이 신기했다. 앰프의 종류가 바뀌게 되고 스피커의 종류가 바뀌게 되면 그 소리가 다르게 들린다는 것도 깨닫게 되었다. 그리고 그 소리의 차이는 수치로도 표현될 수는 있지만, 결국 사람마다 느끼는 것이 다를 수밖에 없고 나에게 좋은 소리가 어떤 것인지도 느낄 수 있게 되었다.

이렇게 시작된 오디오에 대한 호기심은 결국 퍼스널 컴퓨터Personal Computer라는 기기로 필자를 인도하게 된다. 사실 퍼스널 컴퓨터를 접한 것은 이미 국민학교(지금의 초등학교) 시절이다. 지금 생각해 봐도 상당히 이른 시기에 퍼스널 컴퓨터를 접했던 것이 사실이다. 국민학교 시절 친하게 지내던 동네 친구를 통해 Apple 컴퓨터를 접하게 되었고 당시에 우리에게는 최고의 장난감이었다. 이제 와서 말이지만 필자와 필자의 친구는 1980년 당시 종로 세운상가를 국민학교 때부터 휘저으며 Apple PCPersonal Computer의 복제판들에 인티저 베이직Integer Basic 언어를 이용한 그래픽 작업을 할 정도로 실력이 있었다. 그리고 중학생이 되자 음악에 심취하게 되었고 잠시 퍼스널 컴퓨터는 잊고 지냈던 것 같다. 그러다가 다시 다가온 것이 IBM PC AT였다. 당시 8MHz로 동작하는 중앙처리장치CPU, Central Processing Unit와 마이크로소프트Microsoft 사의 DOSDisk Operating System라는 운영체제OS, Operating System가 설치된 IBM PC AT는 필자를 미치게 만들기 충분했다. 학교 공부는 거의 뒷전으로 물러났다. PC와 음악이 필자의 인생을 지배하기 시작했다.

이렇게 고등학교 1학년까지의 시간이 흘러갔다. 음악과 PC는 인생의 모든 것과 같았던 시기였다. 사실 이때 스스로 깨우쳤던 컴퓨터 동작의 기본 원리는 훗날 대학에 가서 컴퓨터 관련 전문 서적의 집필 활동을 할 때에도 써먹었을 정도로 충분한 것이었다. 즉, 호기심이 무언가의 핵심에 파고들게 만들었던 것이다. 필자의 부모님은 참으로 현명하신 분들인 것 같다. 당시 쉽지 않은 가정환경에도 불구하고 공부만하는 바보로 키우지 않으시려고 노력하셨던 것 같다. 오디오 시스템과 PC를 사 주셨던 것을 보면 정말 놀라울 정도로 인간의 경험을 중시하는 교육 사상을 가지고 계셨던 것으로[3] 판단된다.

---

3) 결국 필자가 그 피를 이어 받았다고 보면, 당연한 일이다.

그런데 고등학교 1학년을 끝낼 무렵 두 가지 어려움이 한꺼번에 들이닥쳤다. 먼저 건강하게 지내시던 아버지께서 갑자기 풍으로 쓰러지셨다. 당연히 집안이 엄청난 어려움에 몰렸다. 그리고 느끼지 못하는 사이에 대학 입시라는 난관이 기다리고 있음을 담임선생님을 통해 들었다. 이 두 가지는 당시 필자의 나이에 한꺼번에 받아들이고 이겨내기엔 감당하기 어려운 사건들이었다.

여기서 필자가 고민했던 것은 무엇이고, 어떤 것이 포기하지 않는 삶으로 이끌었을까? 바로 미래에 대한 신념이었다. 정말 정확하게 기억하는 것은 필자가 바라보는 미래의 세상은 디지털 기기들이 필수적으로 사용되는 세상이었다. 분명히 그렇게 될 것이라 생각했다. 그중에 컴퓨터가 차지하는 분야는 상상외로 커질 것이라 생각했고, 이것에 인생을 걸어야겠다는 생각을 하게 되었다. 집안 사정은 어려웠지만 더욱 컴퓨터 기술을 습득하는 일에 몰입했다. 동시에 대학에 가기 위해 노력했다. 쉽지 않은 도전이었지만 원하는 목표를 이루기 위해서 노력하고 또 노력했다. 사실 집안 형편이 좋지 않아 대학에 입학한다고 해도 스스로 돈을 벌어서 학비를 마련해야 했다. 고학이 여의치 않을 경우를 대비하여 되도록 학비가 저렴하고 장학금을 받을 수 있는 대학을 선택하는 것이 중요했다.

결국 목표를 모두 이루지는 못했지만 대학에 들어가서도 컴퓨터가 미래의 삶을 지배하게 될 것이라는 신념을 버리지 않으려고 노력하였다. 그리고 군 복무를 마치고 사회로 복귀한 직후부터는 컴퓨터를 이용한 통신 기술에 더욱 관심을 기울였다. 초창기 인터넷이 바로 그것이었다.

1994년도 당시만 해도 인터넷을 알고 사용할 줄 아는 사람은 극히 드물었다. 당시의 인터넷은 지금의 인터넷 환경과는 많이 다른 문자(텍스트) 위주의 사용 환경이었다. 하지만 거기서 얻을 수 있는 정보의 내용은 실로 놀라운 것들이었다. 신기하게도 내가 앉아있는 자리에서 미국의 유명한 전문가가 쓴 컴퓨터 관련 전문 서적을 볼 수 있었으니 말이다. 인터넷을 통해서 얻어지는 정보를 이해하고 한글로 번역만 해도 사람들에게는 놀라운 최첨단 정보가 되었던 시절이었다. 여기서 또 하나의 핵심을 깨닫게 된다. 즉, 정보를 취득하는 속도가 중요한 가치인 것이다. 이것이 바로 개인의 가치를 올려주는 핵심 요소가 될 수 있다는 판단을 하게 된 것이다. 정보 취득을 얼마나 빠르게 할 수 있는가 하는 것은 2014년을 살아가는 지금 더 중요한 핵심 가치라고 할 수 있다. 오히려 지금은 정보에 대해서 '현재 내가 얼마나 많이 알고 있는가' 보다는 '내가 원하는 정보를 얼마나 빨리 찾을 수 있는가'가 관건인 세상이 되었다. 필자는 이러한 핵심 가치를 20대 초반에 경험을 통해서 느낄 수 있었던 것 같다. 물론 이렇게 느낀 핵심가치는 대학 생활을 무사히 마칠 수 있게 해주었다. 당시 인터넷과 관련된 강연을 하러 다녔고 각종 컴퓨터 관련 잡지에 기고를 하면서 대학 학비를 벌었다. 하고 싶고 스스로의 발전에 도움이 되는 것을 하면서 학비까지 벌 수 있었으니, 얼마나 행복한 삶을 살 수 있었겠는가? 힘든 일상이었지만 행복함을 느낄 수 있었던 시절이었다. 그리고 이 기간에도 정보 습득 속도가 얼마나 중요한 것인지 핵심을 놓치지 않았던 것으로 기억한다.

이렇게 핵심을 잃지 않았던 시절은 계속되었고 한국 IBM 소프트웨어 사업부의 IBM 소프트웨어 한글화 작업에 참여하게 되었다. 이 일은 금전적으로는 물론이었고 당시 학생이었던 입장에서 사회 경험적 측면에서 아주 큰 자산이 되었다. 이렇게 이어진 한국 IBM과의 인연은 1996년 한국 IBM 전 직원을 대상으로 인터넷 및 모바일 업무 환경Mobile Office과 관련된 중요한 교육을 담당하게 되었고 또 이것이 인연이 되어 1997년 대학 졸업과 동시에 한국 IBM에 입사하여 젊은 시절 10여 년을 보내게 되었다.

이제까지 서술한 필자의 과거 이야기는 결국 내 주변에 나를 둘러싸고 있는 것들의 핵심을 파악하는 것부터 코어링을 시작해야 한다는 것을 말하고 있다. 코어는 거창한 것이 아니다.

즉, 코어링은

1) 현재 자신에게 있어서 가장 중요한 것이 무엇인지 파악하고

2) 그 중요하다고 생각되는 것의 핵심에 다가가기 위해 집중하며

3) 그 핵심이 어떤 것인지 느꼈다면,

4) 그 느낌에 따라 행동으로 실천하는 것이다.

결국 자신의 주변에 자신을 둘러싸고 있는 것들보다 중요한 것들이 무엇이 있을 수 있겠는가? 또한 궁극적으로 코어링을 통해 얻으려는 것이 나와 내 가족의 행복이라면, 나를 행복하게 만들어줄 것들에서부터 코어링을 시작해보기를 권한다.

3 / 경험을 통해 느껴라

앞서 세상의 불공평을 인정한다고 선언한 바 있다. 사람마다 기본적으로 주어진 환경이 다르다는 뜻이다. 그렇다면 이번에는 인간이 태어나서 사회적으로 주어지는 환경적인 것 외에 개인이 타고나는 능력의 차이에 대해 생각해보자. 타고난 지능의 차이가 핵심에 접근하는 데 얼마나 도움이 될지를 알아보자는 뜻이다.

결론부터 말하자면 태어날 때 지능의 차이는 코어링에 큰 도움이 되지 못한다. 지능지수가 높은 사람이나 낮은 사람이나 자신이 코어하려는 것을 느끼는 일에는 별 차이가 없다는 뜻이다. 왜냐하면 코어링은 온몸으로 느끼고 행동에 옮기는 것이지 지능을 이용해서 아는 척하는 것이 아니기 때문이다. 이미 강조했듯이 코어링하게 되면 자연스럽게 행동하게 된다. 마음이 움직이기 때문이다. 사람의 육체를 조정하는 것이 두뇌라고 의학에서는 말하지만 실제로 사람이 육체를 움직여 만들어 내는 무언가는 모두 정신이 포함된 산물이다. 음악을 작곡할 때, 그림을 그릴 때, 심지어 어머니가 부엌에서 자식들을 위해서 음식을 만들고 있을 때도 육체를 이용하지만 정신이 함께 작용하기 때문에 그것을 이용하는 이들이 행복을 느끼게 된다. 즉, 위대한 음악가나 미술가 그리고 우리에게 무조건적인 사랑을 주시는 어머니들께서 행하는 육체적 움직임에 코어를 포함하고 있다는 점을 알아야 한다. 그들은 자신들이 하는 것에 대한 핵심을 알고 있다. 문자나 말로 표현하지 못하는 그들만이 깨닫고 있는 그 핵심을 말이다.

"인간의 사고력은 한계가 있다. 과거 자신이 경험한 것에 대해서 겨우 3가지 정도만 정확히 기억해도 충분하다. 인간의 지능은 실제로 사고하는데 10% 정도의 영향만 미친다."

이 말은 인지과학Cognitive Science 분야에서 세계적으로 인정받고 있는 미국의 텍사스 주립대University of Texas의 아서 마크만 교수[1]가 한 말이다. 그는 아주 과감하게도 인간이 사고하는 능력 중

---

1) 아서 마크만(Arthur B. Markman) 교수는 미국 일리노이 대학교에서 박사학위를 취득한 후, 컬럼비아 대학교 교수를 거쳐 1998년부터 텍사스 대학교 심리학과에서 'ANNABEL IRON WORSHAM CENTENNIAL' 교수로 재직 중이다. 인지과학(Cognitive Science) 분야의 대가로 알려져 있다.

에 기억력과 지능이 차지하는 비중이 크다고 하는 것은 큰 오산이라고까지 표현하고 있다. 그리고 영리한 사고Smart Thinking를 하기 위한 방법을 제시하고 있으며, 이렇게 영리한 사고를 하는 사람 또는 집단이 세상을 새롭게 만들 수 있다고 주장한다. 필자도 그의 주장에 상당히 동의하는 편이다. 인간 스스로가 말하는 사고 능력이라는 것이 과연 제대로 인지된 것이라고 말할 수 있을까? 결국 "나는 머리 좋다"라고 스스로 이야기하는 모양새가 아닐까? 특히 지능지수IQ, Intelligence Quotient가 정말로 우리가 필요로 하는 사고 능력을 올바로 측정하는 수치일까? 그렇다면 정작 지능이 높은 사람이 코어를 더 잘할 수 있는 것일까? 답은 당연히 그렇지 않다.

아마 이 책을 읽게 되는 대부분의 독자분들도 자신의 지능지수가 정확히 얼마인지 알고 있는 사람은 드물 것이다. 우리가 살아가는 데 지능지수의 높고 낮음은 중요하지 않기 때문이다. 역설적으로 표현하면, 그렇게 지능지수가 중요한 수치였다면 우리는 늘 일상에서 지능지수를 정확히 알고 살아가야 할 것이다. 하지만 결론적으로 그렇지 않아도 삶을 살아가는 데 아무런 지장이 없기 때문에 우리는 그것을 우리 삶에서 잊고 살고 있다. 아서 마크만 박사가 주장하는 지능과 기억력의 한계는 둘째치고라도 결국 인간이 두뇌로 할 수 있는 일에는 한계가 있다는 것을 우리는 알고 있다. 평균적으로 길어야 3일 정도밖에 두뇌에 남겨두지 못하는 기억력과 많아야 9자리 정도의 숫자를 암산으로 계산할 수 있는 정도의 지능으로 우리 주변에서 발생하는 모든 현상을 깨달을 수 있다는 것은 설명이 되지 않기 때문이다. 결국 코어링하기 위해서 우리가 필요로 하는 것은 우리 안에 존재하는 무언가 다른 능력들이다. 우리는 사고 능력을 포함한 다른 모든 능력들을 이용할 줄 알아야 한다. 그 중 가장 중요한 것은 느낌이다. 수치로 표현할 수 없지만 분명히 우리가 느낄 수 있는 그 느낌 말이다. 그것이 진정으로 우리가 발달시켜야 하는 능력이다. 혹자는 이것을 '감'이라고 표현하기도 하고 혹자는 '감성'이라고 표현하기도 한다. 그 표현 방식은 다르지만 분명히 그 무언가 사고 능력과는 다른 것이 존재함을 알고 있다. 그리고 이 능력을 우리 모두가 가지고 있음을 알고 있다.

어떻게 보면 사람들은 그 무언가를 수치적으로 표현해보고자 많은 노력을 기울이고 있는 것 같다. 예를 들어 성공하는 회사의 조건이 무엇인지 수치화하고자 수많은 시간과 노력을 기울이지만, 결국 수치화하는 데 실패하고 있다. 주식시장에서 어떤 주식의 미래 가치에 대해서 정확히 수치로 표현하고자 노력하지만, 그 예상치는 모두 빗나가 있는 것을 보면 쉽게 이해가 될 것이다. 과거 재무적 컨설팅을 했던 경험에 의하면, 기업들은 반드시 재무적인 예상 수치Financial Forecast, Pro forma Financial Statement를 요구
한다. 특히 투자를 받으려는 업체 입장에서 투자자들에게 반드시
보여주어야 하는 불문율적인 요소 중의 하나로 인식되고 있다.
그런데 참 아이러니하게도, 이 재무적 예상 수치표는 그 예상과
맞아떨어지는 것을 본 적이 없다. 조금만 이성적으로 생각해 보
면 당연히 맞지 않을 수밖에 없다는 것을 알 수 있다. 왜냐하면, 내
일도 예상할 수 없는 것이 인간 사고 능력의 한계인데, 어떻게 1
년, 2년 심지어 3년 후의 수치를 예상할 수 있다는 말인가? 참으로
한심한 일들을 세상에서 가장 유능하다고 인정받는 분들께서 하
고 계신다.

미국의 경제학 박사들이 즐비한 월가Wall Street의 투자회사들이
나 한국의 석학들이 즐비한 투자사들이 모두 이러한 형식에 얽매
여 무언가 중요한 판단을 하고 있다. 그리고 이렇게 말한다. "본래
초기 투자라는 것이 100개 중에 1개만 성공해도 잘한 것이다."라
고 말이다. 자신들의 무능함으로부터 빠져나갈 구멍을 만들고 있
다. 그리고 그렇게 실패를 거듭한 결과, 요즘에는 초기 기업 투자
는 거의 하지 않는다. 성공해서 돈 벌 확률이 낮기 때문이다. 다시
말해 어떻게 투자를 결정해야 할지 스스로를 설득할 방법이 없는
것 같다. 코어링에 의해서 단언한다면, 투자는 결국 느낌으로 하
는 것이다. 투자란, 돈으로 함께 일할 사람을 만날 기회를 갖는 것

이다. 진정한 투자의 핵심은 그 함께 일할 사람이 코어하는 사람인지를 파악해야 하는 데 있다. 그렇지 않다면 그것은 투자가 아니고 도박이다. 도박이야말로 중독자나 바보가 아니라면 정말 확률에 의해서 해야 하는 것이고 투자야말로 느낌으로 해야 한다. 이렇게 느낌이 없다면 투자 행위는 하지 말아야 한다. 또한 이러한 느낌을 갖기 위해서는 충분히 경험을 해야 한다. 다시 말하지만, 경험에 의해서만 판단의 근거가 될 수 있는 느낌을 얻을 수 있다. 인간이 완전하게 학습하는 방법은 경험하는 것 외에는 없기 때문이다.

자, 이제 우리는 코어링을 잘하기 위한 방법이 무엇인지 깨달았다. 즉, 책상머리에만 앉아있지 말고 세상에 나를 던져야 한다. 그리고 정말 관심이 있는 것이 있다면, 그것을 느낄 수 있도록 다가가야 한다. 다가가서 그것을 충분히 경험해보아야 한다. 그리고 그것을 느끼게 되면 내가 그 다음에 해야 할 행동에 대해서 주저없이 실천해야 한다. 그리고 그 실천의 과정 속에서 주변에 현혹되지 말고 핵심을 잃지 말아야 한다. 이것이 바로 코어링이고 이렇게 살아가는 것은 누구에게나 진정한 행복을 주게 될 것이다.

BRABO
MY LIFE

3부

기업에서의 코어

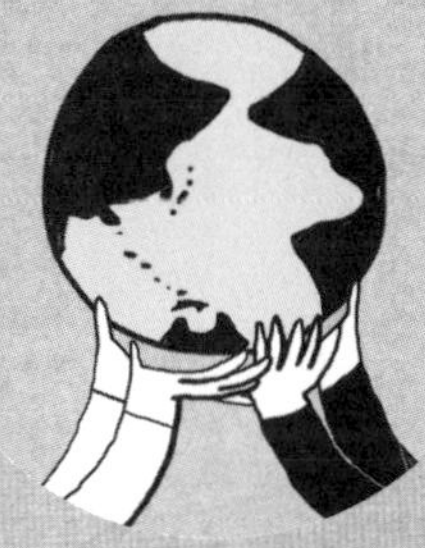

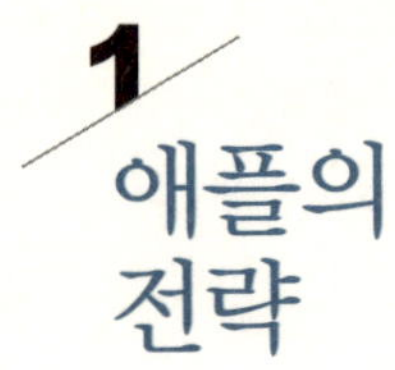

애플의
전략

지금부터 애플이라는 회사를 좀 다른 시각으로 바라보고자 한다. 우리가 흔히 말하는 위대한 창조자이자 경영자인 스티브 잡스Steve Jobs가 어떤 일을 했으며, 그가 무엇을 만들어 냈는지는 이미 그의 자서전을 통해서 알려져 있는 바이다. 하지만 실제로 스티브 잡스와 함께 일을 하지 않았던 사람들이 그가 진정으로 추구하고자 했던 것이 무엇인지 느끼는 것은 매우 어려운 일이다. 한편, 그가 이제까지 만들어 세상에 내놓은 것들을 놓고 우리가 이야기하는 코어 이론을 도입해 보면 재미있는 해석과 분석이 가능해진다. 우리가 이야기하고자 하는 코어는 세상 모든 것의 핵심이 무엇인지를 파악하고자 하는 노력이다. 핵심을 알아야 그것의 본질을 알게 되고 그 본질을 느끼고 그 본질과 대화할 수 있어

야 비로소 다른 것과의 진정한 융합이 가능해지기 때문이다. 역
사상 위대한 발명이나 그 발명을 통해 만들어진 위대한 상품들은
모두 핵심을 파악하고 다른 것의 핵심과 융합했기 때문에 우리에
게 감동을 줄 수 있었다.

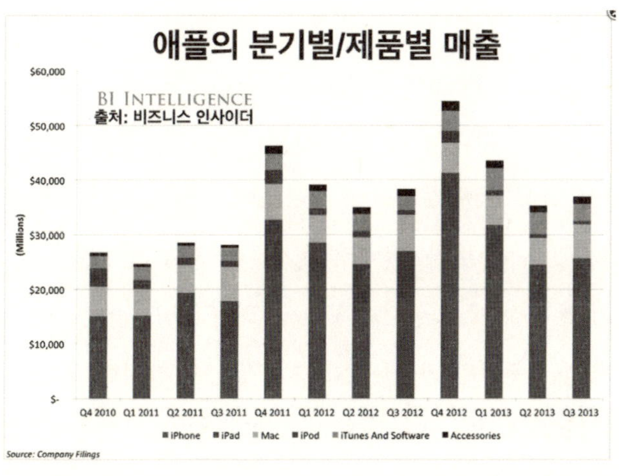

　　코어하게 되면 모든 것이 간단해지고 명료해진다. 뿐만 아니라
코어링해야만 그 핵심을 느낄 수 있다. 무언가에 코어링해서 그
결과를 만들어 내는 방법은 여러 가지가 있겠으나 일반적으로 권
고하는 방법은 드릴 다운Drill Down 기법[1]이다. 지속적으로 속으

---

1) 소크라테스의 대화법을 활용하는 것도 좋다. 소크라테스의 대화법을 익히기 위해서는
　　플라톤의 대화편을 참고하기 바란다

로 파고드는 것이다. 이상하게도 속 알맹이에 접근하면 접근할수록 간단하고 명료해짐을 느낄 수 있다. 시각으로 보는 것보다 느끼는 것이 더 간단하다는 것을 알게 된다. 그렇게 복잡하고 어렵게만 느껴졌던 무언가가 간단하고 쉽게 느껴지는 순간에 다다르게 된다. 이때가 코어하게 되는 순간이다. 적어도 애플이 만들어낸 오늘날의 창작물들(아이튠즈(iTunes), 아이팟(iPod), 아이폰(iPhone), 아이패드(iPad) 등)은 이렇게 코어한 결과물들이라 하겠다. 애플은 스티브 잡스라는 아주 위대한 코어주의자[2]에 의해 사물과 현상들의 핵심들을 융합이라는 것을 통해 결합하여 상품으로 만들어 냈다.

아이폰iPhone을 보자. 실제로 초기 아이폰은 휴대전화라기보다는 이미 알려진 애플의 아이팟iPod이라는 MP3 플레이어에 휴대전화 기능을 추가한 제품 정도로 느껴졌다. 하지만, 일반 사람들은 스티브 잡스처럼 코어하지 못했기 때문에 그 상품이 몇 년 후에 이렇게 세상을 바꾸게 될 줄은 몰랐다. 애플의 코어는 바로 이런 것이다. 즉, 시간이 좀 더 흘러 아이폰 3[3]가 나왔을 때 사람들은 그 제품의 기능과 디자인에 열광하게 되었다. 왜 이렇게 열광하기 시작했을까? 단순히 디자인이 예뻐서일까? 아니며, 그냥 남들이 좋다고 하니까? 아니면 손가락의 터치touch로 사용하는 제품

---

2) 필자는 그를 이렇게 부른다.
3) 아이폰의 세 번째 버전

이 그때까지 없었기 때문에? 이것들도 맞는 표현이지만 가장 중요한 이유는 스마트폰Smart Phone이 가져야 할 핵심 요소들을 아낌없이 융합시켜 놓았기 때문이었다. 애플의 제품 광고는 아니지만 좀 더 그 핵심 요소가 어떤 것들인지 코어링해보면 이해가 쉬워진다.

한 번 코어링 해보자. 이미 스마트폰이 대세가 되어 버린 지금도 이런 의심을 하는 분들이 많겠지만, '왜 휴대전화에서 음악을 들어야 하지?'라는 의문이 생긴다. 이것은 단순히 음악과 휴대폰을 따로 놓고 그 겉만 보기 때문에 발생하는 의심이다. 음악이란 무엇인가? 음악은 우리의 일상에 늘 존재하는 문화 요소이다. 어디를 가던, 음악이 빠져 있는 문화생활을 상상할 수 있는가? 극장에 가도, 연극 무대에 가도, 심지어 쇼핑센터에 가도 음악은 늘 우리를 따라다닌다. 그리고 음악이라는 장르의 특성은 다른 무언가와 동시에 하기 가장 좋은 문화 요소이다. 우리는 ICTInformation andCommunication Technology 시대를 표현할 때, 거창하게도 멀티미디어를 주로 언급하곤 했다. 그런데 정작 멀티미디어의 가장 핵심적인 요소 중 하나인 음악에 대해서는 쉽게 받아들인 나머지 너무 가볍게 보는 경향이 있다. 그러나 스티브 잡스는 핵심을 놓치지 않았던 것 같다. 쓰러져 가는 애플을 살리기 위해서 미래에 다가올 멀티미디어 세상의 선두 주자가 되어야 하는데, 그러기 위한 핵심 요소가 무엇인지 알아차렸던 것 같다. 여기에 그의 첫 번째 코어가 있었다. 그는 몇 년을 아이팟이라는 MP3 플레이어에 전념했다. 애플을 살리기 위해서 아이튠즈iTunes와 아이팟에 모든 역량을 쏟아 부었다.

애플이 MP3 플레이어를 만들어서 판다고 했을 때, 사람들은 스티브 잡스의 생각을 알지 못했다. 그저 디자인이 예쁜 제품을 만들어 낸다는 칭찬 정도가 전부였다. 하지만, 그는 깨닫고 있었다. 곧 다가올 멀티미디어 시대의 핵심 요소가 음악이고, 그 음악이 다른 것과 융합되기 위한 매개체가 아이팟이라는 제품이 될 것이라고 확신했던 것 같다. 더 나아가 휴대전화와 융합된 아이폰으로 발전할 것도 이미 알고 있었던 것 같다.[4] 자, 그럼 이제 쉽게 이해될 것이다. 왜 아이폰에 사람들이 그렇게 열광하는지를 말이다. 바로 핵심끼리 아주 적절하게 융합을 시킨 예가 바로 아이폰이 아니겠는가. 아이폰은 늘 내 옆에 붙어있는 기기이며 휴대전화이고, 문화생활을 위해 필요한 필수 요소인 음악을 언제 어디서나 들려주는 핵심을 포함한 기기가 되는 셈이다. 이뿐만이 아니다. 사람들은 휴대용 기기의 사용자 인터페이스User Interface에 대한 핵심 요소를 스티브 잡스가 구현해냈다는 것에 대해서 간과

---

[4] 여기서 휴대전화가 지금 우리 사회에 차지하고 있는 중요성에 대해서는 그 핵심을 논하지 않아도 충분히 알 수 있을 것이다.

하는 경향이 있다. 그냥 휴대전화를 켜고 그것을 오른쪽으로 기울이면 화면이 자동으로 전환되는 것이 신기한 기능의 일부라고 생각하는가? 손가락으로 터치해서 다른 화면으로 넘어가게 하는 것이 별거 아니라고 생각되는가? 아니면 두 손가락으로 화면에 나타난 그림의 크기를 바꿀 수 있는 것은 이제 별다른 감동이 아니라고 생각하는가?

물론 이러한 기능들을 모두 애플 혼자서 만들어 낸 것은 아니다. 기술적으로 보면 터치스크린Touch Screen 기술이나 이외에 중력 센서Gravity Sensor 등의 기술은 모두 애플이 아닌 다른 회사들에 의해 기술적으로 만들어져 있던 것들이다. 하지만 애플은 자신들이 만들어야 하는 세상을 바꿀 휴대용 멀티미디어 통신기기가 어떻게 동작해야 하는지의 핵심을 알고 있었다. 오히려 아이폰이 처음 나왔을 때 미국의 일부 분석가들은 '휴대전화에 꼭 필요한 기능 이외에 제품 원가를 높이는 불필요한 기능들을 넣은 것은 애플의 장난기에서 발동된 현상'이라고 비웃기까지 했었다. 하지만 이 결과는 세상을 바꿔 놓고 말았다. 애플의 아이폰을 아이들(3세 정도 되는)에게 쥐보라. 그것을 어떻게 쓰는지 알려주지 않아도 한 시간 내에 게임을 하고 있을지도 모른다. 그리고 이 기기를 70세 시골 할머니께 쥐보라. 단 5분만 사용법을 알려드려도 기본적인 기능을 모두 사용할 수 있게 될 것이다. 그리고 쏟아지는 질문들을 감당해야 할 것이다. 왜냐하면 이 신기한 기기가 재미있게 느껴질 것이기 때문이다. 코어하지 못하는 사람들은 어떠한 것들을 예상하지 못하고 시간이 지나 벌어졌던 현상만을 보게 된다. 그리고 그때 가서도 역시 핵심에서 벗어난 액세서리들에만 현혹되어 있게 된다. 결국 지금도 아이폰에서 구현되는 기능만으로 감탄해하는 사람들이 대부분일 것이다. 이렇게 되지 않기 위해, 이제 여러분들과 같이 코어링으로 애플에 대해서 좀 더 자세히 살펴보고자 한다.

이제 애플의 좀 다른 면을 보자. 사람들은 애플이 세상을 바꾸는 전도사라고 이야기한다. 애플이 세상을 편리하게 만들고 있고, 이렇게 훌륭한 일들을 해내고 있는 것에 대해서 칭찬 일색이다. 그러나 정말 코어하는 사람이나 집단은 한편으로는 그들이 무서운 곳임을 알아차려야 한다. 공포 분위기를 만들고 싶어서가 아니고 코어링이 얼마나 큰일을 할 수 있는지 얘기하고 싶어서이다. 일반적으로 사람들은 애플의 제품 중에 아이폰 또는 아이팟만을 주로 떠올린다. 당연한 것이, 그들이 가지고 있는 제품 중에 가장 많이 유료로 팔리는 제품이기 때문이다. 하지만 그 바탕에 있는 시스템에 대해서는 잘 느끼지 못하고 있는 것 같다. 애플이 가지고 있는 아이튠즈라는 무료 시스템이 있다. 아이튠즈는 모든 애플의 제품들에 들어가 있다. 심지어 애플의 제품을 사용한 서비스의 활용을 위해서는 아이튠즈와의 연결이 필수적이다. 애플 제품으로 음악을 듣기 위해서는 아이튠즈를 이용해야 한다. 아직까지는 대한민국에서는 아이튠즈를 통해 유료 음원(MP3 File 등)을 구입하지 못하게 되어 있어서 익숙하지 않을 수도 있지만, 사용자가 다른 곳에서 구매한 음원을 아이폰에 넣어서 듣기 위해서는 아이튠즈와 아이폰을 연결해야만 한다. 그리고 아이튠즈를 이용하기 위해서 애플 ID[5]를 만들어야 한다.

좀 더 코어링해보자. 애플과 같이 사용자 인터페이스를 인간 중심으로 쉽게 만들고자 노력하고 그것을 핵심 역량으로 삼고 있는 기업에서 왜 이렇게 불편하면서도 반드시 거쳐야 하는 폐쇄적인 운영체제 지향하고 있는 것일까? 답은 간단하다. 애플은 자신들 스스로 기계를 만드는 제조사가 그들의 미래가 아니라고 생각하기 때문이다. 애플은 우리가 인지하고 있든 그렇지 않든 간에 이미 하드웨어 기기를 만드는 제조사가 아니다. 소프트웨어 라이선스를 판매하고, 멀티미디어 사용 환경을 판매하는 회사가 되었다. 그리고 이렇게 시간이 흐르면 사용자들이 만들어 놓은 가상 멀티미디어 세상에서 빠져 나오지 못하게 될 것이라고 생각하고 있다. 바로 미래의 가상 환경Virtual Environment 생활에 대해서 코어

---

5) 일종의 사용자 등록 과정에서 만들어진 아이디를 말하며, 모든 애플 서비스를 이용하기 위해 필요하도록 만들어졌다.

했다는 뜻이 된다. 역시, 그 핵심이 바로 아이튠즈라는 시스템에 있을 것임을 깨달았기 때문이다.

자, 이번엔 애플에서 잠시 눈을 돌려 우리 미래에 대해서 잠시 코어링해보자. 그 핵심은 몇 가지 영역에서 결정된다. 입는 것, 먹는 것, 살아가는 공간, 이것이 핵심이다. 그 외에는 어떤 것이 있을까? 바로 문화 콘텐츠Contents가 있고 교육과 종교가 있다. 소위 의식주를 제외한 나머지들이 바로 미래 사이버 세상의 핵심 요소들이 될 것이다. 애플은 의식주를 제외한 나머지 요소들을 사이버 세상에서 모두 자신들이 움직이고 싶어 한다. 그들은 아이튠즈에 이와 관련된 모든 콘텐츠들이 담겨질 공간을 만들고 담아가고 있다. 뿐만 아니라 이러한 콘텐츠들을 사용자들이 좀 더 쉽게 사용할 수 있도록 다양한 하드웨어Hardware까지 직접 디자인해서 공급하고 있다. 결국 그 콘텐츠를 판매하는 플랫폼Platform으로 아이튠즈가 자리 잡기를 바라고 있다.

좀 더 몰입해보자. 아이튠즈가 진정한 콘텐츠 거래 플랫폼으로 자리 잡으려면 어떤 것이 애플에게 코어였을까? 우선 사람들이 그들의 플랫폼에 자주 들러야 한다. 다시 말해 자주 접속해야 한다. 그리고 그들의 플랫폼 내에 오래 머물러야 한다.[6] 단순한 사

---

6) 필자가 주장하는 플랫폼에 대한 정의이다.

실이지만, 이렇게 하기 위해서는 두 가지 방법이 있다. 하나는 무언가 얻을 것이 있다고 생각하는 사람들이 '스스로 찾아오게 하는 것'이고, 그렇지 못하다면 '올 수밖에 없게 만드는 것'이다. 전자의 경우는 스스로 찾아오기 때문에 반발도 없고 오히려 좋은 소리를 들을 수 있겠지만, 후자의 경우는 사람들에게 강제하다가 욕을 먹거나 한 번 왔다가 다시는 찾아오지 않을 수 있다는 요소가 있다. 애플은 두 가지 방법을 다 사용하기로 했다. 우선 강제적인 방법으로 애플의 모든 휴대용 기기들(아이팟, 아이폰 등)을 처음 사용할 때 아이튠즈에 접속을 시켜서 사용자 등록을 하게[7] 만들었다. 일단 한 번 등록 과정을 거치고 나면 다음부터는 아이튠즈에 접속하지 않아도 되도록 만들어놓아 사용자 반발은 피했다. 또한 초기 아이튠즈에서는 유선 연결이었지만 지금은 무선 연결로 바꾸어 강제적이라는 느낌을 줄였다.

여기에는 어마어마한 전략이 숨어 있다. 바로 아무것도 모르는 사람들에게 아이튠즈를 접하게 하는 광고효과가 숨어 있다. 애플은 아이튠즈에 대해서 이것이 어떤 것인지 굳이 돈을 들여 설명하지 않는다. 그저 자신들이 생산하는 모든 휴대용 기기를 사용할 때, 반드시 한 번은 거쳐서 가야 하는 과정을 만들어 놓았을 뿐

---

7) 애플ID를 만들어가 등록하게 만드는 것을 말한다.

이다. 그리고 무언가 새로운 콘텐츠를 휴대용 기기에 넣고 싶을 때 이용해야 하는 것이 아이튠즈라고 사용자들이 기억하게만 했던 것이다. 그럼 그 다음 단계는 무엇이었을까? 결국 강제로 한 번 접속했던 사람들에게 다시 아이튠즈에 접속하게 하기 위해서 애플은 첫 번째 방법(스스로 찾아오게 하는 방법)도 이용했다. 그럼 그 첫 번째 방법의 핵심은 무엇일까? 첫 번째 방법의 핵심은 사용자에게 무언가 공짜로 얻어갈 것을 제공하는 데 있다. 하지만 애플 입장에서 본래 공짜라는 것은 처음에는 좋지만 나중에 구속력을 갖게 만들기 어렵기 때문에 좀 더 핵심에 접근할 필요가 있었다. 즉, 무언가 공짜이지만 구속력을 포함한 것을 제공해 주어야 하겠다고 생각했다.

아이튠즈에는 내가 가지고 있는 기기들 간에 콘텐츠를 공유할 수 있는 기능이 제공된다. 아이튠즈의 콘텐츠 공유 기능은 한마디로 애플의 기기 간 멀티미디어 콘텐츠들을 교차사용할 수 있게 해주는 기능을 말한다. 즉, 아이튠즈에 넣어 둔 멀티미디어 콘텐츠들은 애플의 아이폰, 아이팟, 아이패드 그리고 맥북Macbook 등에서 자유롭게 동시 사용이 가능하다. 심지어 '홈 공유'라는 기능을 이용하면 서로 다른 기기 간에 네트워크Network를 이용하여 콘텐츠 파일을 복사하지 않더라도 교차사용이 가능해진다. 또한 고맙게도 기기의 손상으로 잃어버릴 수 있는 콘텐츠들을 백업backup

해두는 기능도 제공한다.

　이렇게 공짜로 편리한 기능들을 제공하면서도 한 번 이용하면 쉽게 벗어나지 못하는 서비스들(예를 들면 백업 서비스)을 제공하면서 사용자들을 아이튠즈로 유도했다. 상상해보라. 내가 갖고 있는 음악 파일을 새로운 기기를 살 때마다 따로 복사하고 그 기기에 맞게 다시 설정해야 한다면 얼마나 시간 낭비겠는가? 또 이러한 수고를 하고 싶어 하는 사람들이 있겠는가? 애플의 코어는 바로 이런 것이다. 사람들의 생활 습관에 대해서 철저하게 분석한다. 편리성과 관련된 핵심이 무엇인지를 파악하여 자신들의 서비스에 접목시킨다. 단순히 기술적인 우위와 예쁘게 디자인된 제품을 만드는 회사가 아니다. 애플은 아주 엄청나게 코어링할 줄 아는 능력을 갖고 있는 집단이라 하겠다. 그래서 세상이 놀라고 기다리고 열광하는 제품을 만들어 낼 수 있다. 그들이 꿈꾸는 사이버 세상에서 그들은 영원하며, 항상 우위에 있는 플랫폼 소유자가 되어 있을 것이라는 확신에 차 있는 것 같다.

　이렇게 애플이 자신들의 미래를 걸고 있는 아이튠즈 서비스도 초창기에는 힘들게 시작되었다. 2003년부터 시작된 아이튠즈 서비스를 위해 애플은 2000년부터 음원 라이선스를 보유하고 있는 세계 유수의 음반 회사들에게 머리를 숙이고 들어가야만 했다. 애플은 그들이 꿈꾸는 미래를 준비하기 위해 엄청나게 고자세를 취하는 음원 보유사들과의 비즈니스 미팅에서 수모를 감수했었다. 상상해보라. 아이튠즈를 통한 음원 판매를 위해서 음원 보유사들에게 애플이 어떤 사업적 프레젠테이션^{Business Presentation}을 했겠는가? "당신들의 음원을 MP3 파일 형태로 만들어 파시지요. 우리가 30%의 판매 수수료만 받고 당신들의 음원을 팔아드리도록 하겠습니다. 우리에게는 아이튠즈라는 것이 있으며, 여기에 연결된 아이팟이라는 것을 소유한 사람들에게 그 음원을 판매하게 될 것입니다."라고 이야기를 시작했을 것이다. 그렇다면 이런 이야기를 처음 들은 음원 보유사들은 어떤 반응을 보였을까? 보지 않아도 뻔한 일이다.

당시에 아이팟은 판매도 시작하기 전이었다. 하지만 결국 애플은 각종 수단을 동원하여 끈질긴 구애 끝에 음원 보유사들과 계약을 성사시키고 2003년도에 아이튠즈 음원 판매 서비스 등을 포함한 정식 서비스를 출시한다. 초창기만 해도 그저 아이팟을 편리하게 사용하기 위한 퍼스널 컴퓨터용 음악 플레이어 정도로만 인식되었다. 이렇게 시작된 아이팟 판매와 아이튠즈 서비스 시작을 통해 애플은 결국 아이팟 판매 매출을 그들의 전체 매출에서 40%를 차지하게 만들었고 음원 판매 매출도 10%를 넘게 만들고야 말았다. 2006년도 그들의 총매출은 $19,315이었다는 점에서 실로 놀라운 일이라 할 수 있다. 하지만 애플에게 있어서 이것은 단순히 숫자에 불과하다. 왜냐하면 코어링하는 그들에게 지금의 매출액은 그들이 만들어 갈 미래에 대해 든든한 밑천일 뿐 다른 의미는 없기 때문이다.

좀 더 확실하게 애플이 코어링하고 있다는 증거를 찾아보자. 애플의 아이패드에 대해서 이야기해보고자 한다. 애플이 코어링하고 있다는 또 다른 증거가 바로 아이패드이다. 필자는 아이패드를 발표하는 스티브 잡스의 모습을 보면서, 코어링하는 사람이라고 느끼지 않을 수 없었다. 2010년 소문만 무성했던 아이패드가 세상에 발표되자 대부분의 소비자들과 수많은 분석가들은 실망을 금치 못했다. 그도 그랬던 것이 아이패드가 발표되기 전부터 사람들은 애플에서 무언가 특별한 태블릿 PC를 발표할 것이고, 이것은 아이폰보다 훨씬 놀라운 기능을 갖고 있을 것으로 기대했다. 또한, 세상에 정말로 놀라우리만큼 진보된 어떤 것을 안겨줄 것이라고 기대하고 있었다. 그런데 막상 아이패드가 발표되자 실망을 금치 못했다. 심지어 "전화 기능을 뺀 아이폰을 크게 만든 것일 뿐이다."라고 혹평하는 사람들도 많았다.

사실 얼핏 보기에는 사람들의 혹평이 옳은 것 같았다. 특별한 것도 없고 그냥 아이폰 크게 만든 기기일 뿐이라고 느끼는 것이 당연했다. 특별히 추가된 기능도 없었다. 그러니 더욱 그럴 만도 하다. 하지만 이건 정말 코어하지 못하는 사람들의 생각이었을 뿐이라는 것을 이제는 깨달아야 한다. 스티브 잡스가 들고 나온 아이패드는 애플이 꿈꾸고 있는 멀티미디어 플랫폼에서의 사용자 접점기기 중 하나일 뿐이다. 즉, 아이팟은 음악을 접하는 전문기기로, 아이폰은 들고 다니면서 전화도 하고 음악도 듣고 사무용 일도 하는 기기로, 아이패드는 들고 다니면서 멀티미디어 콘텐츠 중에 비디오에 가까운 것들을 전문으로 즐기는 기기로 사용할 수 있도록 출시된 것이다.

그렇다면 애플이 계획하고 있는 또 다른 사용자 접점기기는 어떤 것이 있을까? 필자 생각으로는 아이TViTV와 아이워치iWatch[8]가 그것일 것으로 생각된다. 현재 판매되고 있는 애플TVApple TV라는 제품이 있으나 이보다 더 진보된 홈 엔터테인먼트Home Entertainment 게이트웨이Gateway가 될 것으로 생각된다. 사람들은 아이TV라고 하면 마치 세상에 없던 어떤 모양을 가지고 나오는 TV를 상상하는데 그런 것이 아니고, 영상물을 본격적으로 즐기는 가정용 애플 콘텐츠 접속기기를 의미한다. 아직 아이TV가 세상에 발표되지 않았지만 충분히 짐작할 수 있다. 아이TV를 통해 애플은 바야흐로 디지털 콘텐츠를 종합적으로 제공하는 세계 유일의 플랫폼 사업자가 될 것이다. 또한, 디지털 기기들이 점점 사

---

[8] 실제로 2014년 9월 애플워치AppleWatch라는 이름으로 손목 시계 형태의 새로운 디바이스를 발표했다. 애플워치는 2015년 초반기부터 판매될 것으로 예상된다.

람의 몸에 부착되어 동작하는 웨어러블Wearable 형태로 발전함에 따라, 아이워치는 애플을 또 한 번 시장 변화의 선두자리에 위치시킬 것으로 기대된다. 그리고 이에 맞설 수 있는 상대는 구글Google을 제외하고 당분간 나타나지 않을 것으로 생각된다.

　우리는 애플을 바라볼 때 그냥 예쁘게 생긴 전자 제품을 만드는 회사로만 보아 왔다. 하지만 이제까지 우리가 이야기한 내용을 토대로 하면 애플은 여러 가지 사항들의 핵심을 파악해서 그것들 간의 융합을 통하여 만들어 낸 것들로 우리에게 다가오는 조직이다. 그들은 목표도 분명하고 지금껏 해왔던 일도 핵심에서 벗어나 있지 않다. 결론적으로 이렇게 애플을 다르게 볼 수 있는 능력의 차이가 바로 코어한 것과 그렇지 못한 것의 차이임을 알 수 있을 것이다. 코어링은 핵심이 무엇인지를 느낄 수 있도록 한다. 애플의 핵심은 디자인이 예쁜 전자 제품을 만드는 회사가 아니다. 바로 세상에서 가장 편리하게 각종 문화 콘텐츠를 사람들이 이용할 수 있게 해주는 모든 것들을 추구하는 회사이다. 아이폰은 그중 일부분일 뿐이다. 아이패드를 발표했을 때 "에이, 이게 뭐야! 그냥 아이폰을 크기만 키운 것 아니야?"라고 겉만 보고 판단하지 말라. 그들이 그렇게 오랜 시간 검증하고 준비한 것이 왜 사람들에게 그렇게 하찮은 것으로 받아들여지기를 바라겠는가? 그렇지 않다. 분명히 무언가가 있다. 그 무언가가 어떤 것인지 코어링해봐야 한다. 그래야 나도 그들처럼 될 수 있다.

한편, 애플이 지금 집중하고 있는 일들의 핵심이 멀티미디어 디지털 콘텐츠 시장의 플랫폼 사업임을 알 수 있었다. 그렇다면 미래를 위해서 놓치지 말아야 할 코어는 어떤 상황에서든 원하는 콘텐츠를 편리하게 이용할 수 있게 해야 한다는 점이다. 이것의 핵심에서 벗어난 행동을 하는 순간 애플도 무너질 수 있다. 애플의 미래에 대해서 예견하는 사람들은 한결같이 스티브 잡스가 없는 애플에 대해서 걱정한다. 과연 그들이 걱정하는 것이 스티브 잡스의 카리스마 있는 경영 방식만을 뜻하는 것일까? 그것만은 아니다. 더 중요한 것은 스티브 잡스가 확고히 지키려고 했던 신념이다. 바로 스티브 잡스가 보고 느낄 수 있었던 코어가 그것이다. 그가 없는 애플이 정말 지속적으로 핵심에서 벗어나지 않을 것인지는 알 수 없다.

필자는 스티브 잡스와 대화를 나누어 본 경험이 없고 더군다나 스티브 잡스와 일해 본 경험도 없다. 그런데 어떻게 그의 카리스마를 알겠는가? 하지만 확신하는 것은 그가 우리에게 보여주었던 제품 발표 때의 모습과 우리에게 남겨준 제품들과 서비스들을 통해 그가 집중했던 것이 무엇인지를 느낄 수 있게 해준다. 그래서 감히 그가 없는 애플이 코어를 이어갈 수 있을지 걱정이라 말하고 싶다.

2 BMW의 전략

2010년 어느 시점, 신문에서 재미있는 기사를 보았다. "BMW가 새로운 신차 발표회에 단 5명만 초대했다"는 것이다. 참 신기한 일이다. 수천억을 들여서 개발한 신제품 발표회에 왜 단 5명만 초대한 것일까? 순간 나는 그들이 코어하고 있다는 것을 직감했다. BMW 코리아가 클로즈드 룸Closed Room이라는 이름으로 2010년에 진행했던 이 신차 발표회 내용을 살펴보면, 5명만 초대한다고 해서 대충 준비한 것이 아니다. 서울 중심부 강남의 요지인 청담동의 고급 건물 한 개 층을 통째로 빌렸다. 초대된 5~10명을 위해서 특별 연주회를 준비했고 식사는 물론 1:1로 고객 응대를 할 수 있도록 전담 직원까지 붙여 놓았다. 즉, 소수만 초대한다는 의도가 발표회 비용을 절감하려는 목적이 아닌 것처럼 보였다. 그리고 1,000여 명을 대상으로 여러 번 실시한다고 하니, 무언가 회사의 기밀과 관련된 행사도 아닌 것 같았다. 그렇다면 이렇게 행사를 진행하면서 BMW 코리아 측은 어떤 결과를 목표로 두고 있었을까? 결론적으로 그들은 초대된 고객들과의 차량 구매 계약을 성사시키는 것을 목표에 두고 있었던 것으로 보인다.

결국 BMW 코리아 측은 마케팅Marketing의 핵심에 충실했다. 그들이 판매하려는 물건은 일반적인 사람들이 매장 앞을 지나가다가, 쇼윈도 상품이 맘에 들어서 사는 물건이 아니다. 일반 사람들에게는 몇 년간 모은 돈으로 집을 살 것인지 아니면 이 차를 살 것인지 진지하게 고민해야만 할 정도로 고가의 제품이다. 더군다나 대체상품은 얼마든지 있다. 차량 한 대 가격이 7,000~9,000만 원 정도라면 누가 이런 고민을 하지 않을까? 그렇다면 그들이 자신들의 신제품이 시장에 빠른 속도로 진입하도록 해야 할 핵심적인 일은 무엇일까? 반드시 코어링할 필요가 있는 부분이다. 다시 말해 일반적으로 경제학자들이 주장하는 마케팅 수치는 뒤로 하더라도 우리가 상식선에서 생각하는 판에 박힌 마케팅 행사로는 그 결과가 뻔하다. 행사에 수백억을 들인다 해도 결국 대당 7,000만 원이나 하고 대체상품이 많은 물건은 살 사람만 관심이 있게 마련이다. 다만, 살 사람들을 조기에 확실하게 사게 만들어야 그 사람들 사이에서 바이럴 마케팅 효과가 생긴다. 생각해보라. 가장

친한 친구나 이성 친구가 좋다는 것은 일단 호감이 간다는 쪽에
무게를 두고 그것을 바라보기 마련이다.

BMW 코리아는 여기에 핵심을 두었던 것 같다. 같은 돈을 들이
더라도 한 번에 1,000명을 불러다 놓고 왁자지껄하게 행사를 진
행해봐야 어차피 살 사람만 산다는 판단을 한 것이다. 그렇다면
살 사람을 빠르게 결심하도록 하는 확실한 방법은 무엇일까? 1:1
로 그 사람들을 위한 행사를 만들어주고, 그 사람들이 망설이는
부분에 대해서 바로 해답을 줄 수 있는 행사를 진행하는 것이 핵
심이라는 것을 발견한 것 같다. 그리고 그들은 그것을 실천했다.
후문에 의하면 그들은 이 행사를 통해 해당 신차가 출하되기 전
에 700대 이상의 판매 계약을 만들어 냈으며, 이로 인해 신차가
출시된 당해 년도에 BMW New 5 Series가 현대차에서 발표한 제
네시스의 판매량을 넘볼 정도로 성공을 거둘 수 있었다고 한다.
이렇게 추상적인 수치가 잘 이해가 되지 않을 수 있으나, 대한민
국 사회의 자동차 소비 패턴을 보면 놀라운 수치일 수밖에 없다.
즉, 애국심을 강조하는 분위기에 수입차를 구매하는 사람은 낭비
가 심한 사람이라고 생각하는 선입견이 지배하는 대한민국 자동
차 시장에서 국산 신차에 버금가는 판매량을 수입차가 만들어 냈
다는 것은 실로 놀라운 사실이 아닐 수 없다.

그런데 여기에 또 하나의 중요한 코어 요소가 숨어있음을 알 필

요가 있다. 바로 욕먹지 않고 조용히 많은 양을 판매하는 기법이다. 만일 떠들썩하게 행사를 진행했고 다행히 그것이 잘되어 신차 판매량이 급증했다고 가정해보자. 그래서 세간에 아주 큰 뉴스가 되고 소비자들이 BMW가 현대차보다 많이 팔렸다고 인식하게 되었다고 가정해보자. 그러면 사람들은 이런 말을 하게 될 것이다. "요즘 BMW가 현대차보다 많이 팔린다네.", "그거 알아? 우리 경제가 어렵다고 하지만 아직도 돈 많은 사람들은 돈을 막 쓰고 다니나 봐.", "요즘은 외제차가 국산차보다 더 많이 팔린대.", "정신들 나간거야. 우리가 언제부터 외제차 타고 다녔다고! 우리 가까운 주변에는 그런 사람 없지?" 하는 말들이 우리 주변에서 많이 들려왔을 것이고 이렇게 되면 결국 누가 손해를 보게 될까? 바로 외제차 판매상들이 손해를 보게 될 것은 뻔한 일이다. 즉, 초기에 잘 팔리다가도 이런 여론을 만나게 되면 판매량은 곧바로 곤두박질치게 될 것이고 여론이 좋지 못하면 더 이상의 마케팅 효과를 기대할 수 없기 때문이다.

좀 다른 이야기지만 여론 자체가 형성되지 않은 제품을 처음 알리는 비용이 100원이라면, 나빠진 제품이나 기업의 이미지를 좋게 만들기 위한 비용은 그 100배에 해당하는 10,000원 이상이 든다는 것이 일반적인 이론이다. 더욱이 수치적인 이론은 둘째 치더라도 자의건 타의건 대한민국에서는 어쩔 수 없는 현실이 있다. 그것은 국산품 애용이라는 거역할 수 없는 풍조이다. 이것에 정면으로 대항하는 바보 같은 짓을 한다면 어떤 외국 기업도 살아남지 못할 것이다. 생각해보라. 이 세상에서 가장 나쁜 죄가 괘씸죄 아니던가? 이 무서운 괘씸죄에 걸리게 되면 어떤 방법으로도 쉽게 그 상황을 벗어나기 힘들어진다. 영리하게도 이런 핵심을 BMW 코리아는 이미 알아차리고 있었던 것 같다. 얼마나 영리하게 좋은 결과를 만들어 내는 방법이었던가? 이런 영리한 일을 가능하게 한 것은 그들이 코어링할 줄 알았기 때문이다. 다시 말해 지금 우리가 판매하려는 것이 이 시장에서 어떤 특징을 가지고 있는지 그 핵심을 정확히 파악했다.

　객관적으로 볼 때 BMW는 최고의 차량을 만드는 회사이다. 비싼 만큼 값어치를 한다는 것을 인정받고 있기 때문에 비교적 비싸게 가격을 책정해도 세계시장에서 잘 팔리고 있음은 자명한 일이다. 따라서 일반적으로 볼 때 평범한 신차 발표회를 하고 그냥 놔둬도 어느 정도 팔리긴 할 것이다. 하지만 이렇게 제품에 자신감 있는 회사일수록 코어하지 않는 오류를 범하기 쉽다. 코어링할 줄 모르는 사람들은 이렇게 생각하기 십상이다. "우리가 얼마나 좋은 상품을 만드는데 우리 상품을 안 사? 당연히 사야지.", "우리 상품의 값어치를 알아주는 사람은 참 영리한 사람이고, 우리 상품의 값어치를 모르고 구매하지 않는 사람은 바보 같은 사람이야."라고 말이다. 참으로 한심한 생각이 아닐 수 없다. 이런 생각을 하는 회사는 제품을 만드는 일에는 열심히 노력했을지 모르지만 세상에 출시하여 제품을 판매하는 일에는 제대로 코어하지 못하고 있음을 알아야 한다. 아무리 좋은 제품이라 할지라도 그것을 세상 사람들이 사용해서 그 값어치를 느끼지 못한다면 무용지물이다. 제품을 제대로 어필하는 마케팅이나 세일즈Sales의 영역에서도 분명히 코어링해야 한다. 마케팅이나 세일즈에서 코어링하지 못한다면 회사의 미래는 없다.

3
모토로라의
사례

이번에 좀 다른 측면에서 코어를 강조해보려 한다. 즉, 코어하지 못하면 어떤 결과를 초래하는지 살펴보자.

대한민국에서는 소위 카 폰 서비스Car Phone Service라고 불리는 차량용 휴대전화 서비스가 1984년 시작되었다. 이 서비스를 사용하기 위해서는 지금은 상상도 못하는 비용을 지불해야 했기  때문에 일반 사람들은 사용할 엄두를 내지 못했다. 그 이후 1988

년부터 차량용이 아닌 소위 휴대용 전화[1] 서비스가 시작되었는데, 이때 등장하는 기기가 바로 그 유명한 벽돌 크기의 모토로라 Motorola사의 휴대전화다. 당시에 1세대 아날로그 방식의 휴대전화를 사용하기 위해 서비스에 가입하려면 한국 이동통신 가입비만 100만 원 정도를 지불해야 했고 여기에 더해서 비싼 사용료를 내야 했다. 이뿐 아니라, 대당 200만 원 가까이 되는 모토로라사에서 나오는 전화기를 구입해야 했음은 말할 필요도 없다. 이런 초창기 1세대 이동통신 서비스 시대에는 값비싸고 선택의 여지도 없는 모토로라라는 미국 회사에서 생산되는 휴대전화를 구입했어야 했는데, 당시에 모토로라는 아날로그 방식 이동통신 기술의 최고 위치에 있었다. 거의 모든 상용 이동통신 장비들[2]은 모토로라에서 생산되었다 해도 과언이 아니었다. 결국 당시의 모토로라는 통신 기술에 관해서 어떤 존재들보다 핵심에 접근했던 집단이었다고 할 수 있겠다.

한편 미국에서 시범적으로 시작된 셀룰러Celluar 방식의 이동통신 서비스는 1980년대까지 성공이 의심스러운 기술이라 여기고 있었다. 하지만 모토로라는 이동하면서 통신할 수 있는 기술이 분명히 미래에 꼭 필요한 핵심 요소라고 느끼고 있었다. 시간

---

1) 지금 생각하면 휴대용이라 하기엔 너무 크지만
2) 단말기, 교환기, 무선기지국 관련 장비 등

은 흘러서 1990년대에 들어서자, 초기 예상과는 달리 이동통신 서비스 가입자는 기하급수적으로 늘기 시작했다. 해마다 그 가입자 수가 2배 이상 늘기 시작했던 것이다. 마침내 유럽에서는 GSMGlobal System for Mobile Communication 방식의 디지털 서비스가 1991년부터 시작되었으며, 1996년 대한민국에서는 SK텔레콤이 역사적인 2세대 이동통신 시장을 열게 된다. 바로 디지털 무선통신 시대를 연 것이다. 대한민국에서 그토록 자랑스럽게 생각했던 CDMACode Division Multiple Access 기술이 바로 그것이다. 결과적으로 1990년에 본격적으로 이동전화 서비스가 활성화된 시점부터는 전 세계적으로 아날로그 방식이 아닌 디지털 이동통신 방식이 주류를 이루게 된다.

여기서 살펴볼 점은 이렇게 변화하는 환경에 모토로라가 어떻게 대처했는지에 관한 것이다. 분명히 모토로라는 지금 우리가 가장 많이 사용하는 IT 기술 중의 하나인 이동통신 기술을 상용화한 장본인 중 하나이다. 하지만 그들은 핵심적인 부분을 간과하는 우를 범하고 만다. 미래에는 음성Voice뿐만 아니라 데이터Data까지 무선통신을 이용하게 될 것이라는 점을 간과했다. 많은 양의 정보를 정확하고 빠르게 보내거나 받아야 하는 데이터 통신을 위해서는 아날로그 방식에서 벗어나 반드시 디지털 방식으로 통신 환경이 바뀔 수밖에 없었다. 더욱이 모토로라는 디지털 방식의 무선 데이터 통신 기술에 대해서 알지 못했던 것도 아니다. 인지하고 있었으나, 그것이 미래에 중요한 요소가 될 것이라는 점을 간과했다. 한마디로 핵심으로 여기지 않았다는 말이다. 불행히도 그들을 더욱 코어하지 못하게 하는 중요한 사건이 발생하게 된다. 바로 스타택StarTAC이라는 제품의 성공이었다.

참으로 아이러니하게도 1996년 휴대전화 디자인의 혁명이라고 할 수 있는 스타택이라는 제품이 모토로라로부터 발매된다. 이 제품은 기존 벽돌 크기의 휴대전화를 손바닥 크기의 명함 지갑 만하게 줄여 놓은 실로 혁명적인 제품이었다. 게다가 마치 트랜스포머처럼 전자 제품이 접혔다 펴졌다 하면서 동작했다. 사람들은 열광했다. 정말 혁신이 아닐 수 없었다. 마치 신이 만들어 낸 또 다른 창조물을 보듯이 그 제품은 세상을 강타했다. 이 스타택이라는 제품은 비록 1세대 아날로그 이동통신을 위한 제품이었지만 모토로라는 신경도 쓰지 않았다. 사람들은 열광했으며, 스타택은 없어서 못 파는 제품이 되었다. 유럽에서는 이미 GSM 방식의 디지털 서비스가 주류로 변해 가고 있던 시점이었는데도 스타택의 반응은 참으로 놀라울 정도였다. 스타택을 사용하기 위해서 일부러 디지털 방식의 서비스를 이용하지 않고 아날로그 방식의 서비스에 머물고 싶어 하는 사용자들까지 있었다. 역설적이지만, 이런 현상은 모토로라로 하여금 더욱 코어하지 못하게 만드는 독이 되었다.

시간은 흘러, 이렇게 열광하는 사람들도 점차 변하기 시작했다. 그렇게 열광하던 사람들은 점차 스타택이 디지털 이동통신 서비스를 지원하지 않는다는 것에 아쉬움을 느끼기 시작했다. 이때 혜성 같이 등장한 휴대전화 제조사가 있었으니, 바로 노키아 NOKIA사다. 당시 노키아는 무모하다고 할 정도로 미래에 대한 자신감을 보였다. 과거 120년 가까이 되는 기존 사업들을 과감하게 정리하고 기업 전체 수익의 10% 정도밖에 되지 않는 이동통신 사업에 몰입하기 시작했다.

이 같은 노키아의 최고 자리에는 욜마 올릴라(Jorma Jaakko Ollila, 1950) CEO가 있었다. 그는 1992년 노키아의 최고 수장 자리에 오르자마자 당시 10여 개 이상 되었던 노키아의 사업 영역을 과감하게 정리하기 시작했다. 세계 1위가 될 수 없다고 생각하는 것들은 모두 정리하겠다고 선언하고 이를 실천하기 시작한다. 그 결과 불과 6년 만에 실로 놀라운 변화가 일어나기 시작했다. 1993년 세계 최초로 GSM 휴대전화를 생산, 판매하기 시작하더니 불과 2년도 안 돼서 유럽 휴대전화 시장의 최강자에 오르게 된다. 더욱이 전 세계적으로 GSM 방식의 디지털 이동통신 서비스가 확대되면서 1998년 노키아는 모토로라를 제치고 휴대전화 제조 및 판매 분야에서전 세계 1위로 올라서게 된다. 핀란드의 한 업체가 셀룰러 방식의 이동전화 서비스를 만들어 냈다고 해도 과언이 아닌 모토로라라는 거인을 상대로 불과 6년 만에 1위 자리를 빼앗을 수 있었던 원동력은 무엇이었을까? 그들은 미래에 대한 핵심이 무엇인지 코어하고 있었던 것이 틀림없다. 노키아가 휴대전화 사업에 뛰어들기 시작한 1992년으로 돌아가 보면, 실로 과감하고도 고통스러운 노키아의 변화의 과정이 있었다. 전 직원의 30%를 연구 인력으로 교체했으며, 120년 역사를 자랑하던 기존 사업을 모두 정리했다. 과연 무엇이 이들로 하여금 이렇게 과감한 행동을 할 수 있도록 만든 것일까? 단언하건대, 그들은 미래에 대한 확신이 있었다. 미래에 대한 확신은 바로 현재 세상에 대한 핵심을 파악하는 것에서 시작되었다. 사람들이 현재 무엇에 끌려가고 있으며, 어떤 것을 필요로 하고 있는지를 느꼈던 것이 확실하다. 뛰어난 분석가들의 보고서에서 비롯된 것이 아니다. 만일 어떤 컨설팅을 통해 얻어진 보고서에 의해서 노키아의 변화가 시작된 것이었다면, 그 컨설팅 회사가 노키아보다 유명해졌을 것이다. 노키아의 올리라 사장은 진정으로 코어링했던 사람이라 할 수 있다.

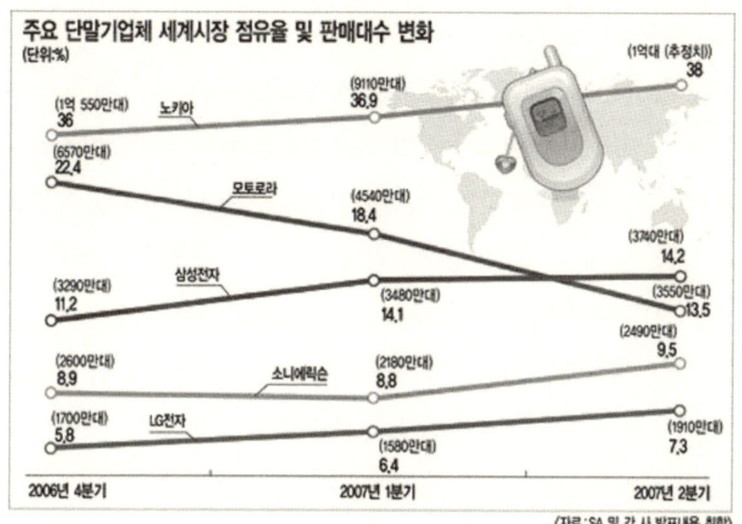

　　노키아가 당시 만들어 낸 결과는 실로 놀라운 것이었다. 1992년부터 2000년 사이에 주가는 무려 34,000%(340배) 상승했으며, 소위 IT 버블이 붕괴되었던 2004년도 즈음에도 11,000%(110배) 상승(1992년부터)을 유지하고 있었다. 반면 모토로라는 그들의 아성에 걸맞지 않는 300% 상승에 그치고 있었다. 이 수치는 2004년도를 기준으로 노키아가 속해 있는 핀란드 전체 국민총생산GDP의 4%(수출액의 21%)를 차지하는 어마어마한 결과였다. 노키아의 약진은 2011년까지도 계속 이어졌다. 심지어 2007년에는 전 세계 휴대전화 판매 시장점유율의 40%를 차지하게 된다. 이 수치는 당시 2위부터 4위 업체(삼성, 모토로라, 소니 에릭슨)들의 판매 대수를 모두 합한 것보다 많은 수치였다.

　한편, 모토로라는 어떠했는지 다시 돌아가 보자. 스타택이 만들어 낸 영광의 샴페인에 젖어 있던 모토로라는 디지털 이동통신 시장에서 오히려 후발 주자가 되어 가고 있었다. 최고의 이동전화 기술을 가지고 다른 업체들에게 특허료를 받던 모토로라가 디지털 이동통신 시장에서 1위 자리는 고사하고 5위권 내에 머물기 위해서 안간힘을 쓰는 후발 주자가 되어 버렸다. 그들이 이렇게 변해버린 이유는 무엇일까? 특별한 이유가 있는 것이 아니다. 세상 변화의 핵심을 놓쳐 버렸기 때문이다.

　이제까지의 사례에서 볼 수 있듯이 모토로라가 세상 변화에 빠르게 적응하지 못했던 원인은 코어하지 못했기 때문이다. 사물의 핵심을 볼 수 있으면 미래의 변화를 예측할 수 있게 되는데, 이렇게 현재의 핵심을 보려는 노력을 게을리했기 때문이다. 다시 강조하지만, 코어링은 항상 핵심에서 벗어나지 않는 것이 중요하다. 현재의 편안함과 풍족함은 자칫 핵심이 아닌 주변으로 눈을 돌리게 하여 게으르게 만들 수 있다. 이렇게 주변의 화려함에 시선을 빼앗기는 순간 코어링할 수 없게 되고 코어링하지 못하게 되는 순간 그 핵심을 느끼지 못하고 껍데기의 화려함에 빠져 버리게 된다. 모토로라는 1990년대부터 이동통신 시장이 디지털 시대로 바뀌게 될 것이라 예상하고 시장 선두 자리에서 그 변화를 이끌고 나갔어야 했다. 그런데 당시의 영광에 스스로 매료되어 이렇게 변화를 이끌어 가는 일을 게을리했다. 그들은 1995년 초반까지만 해도 이렇게 생각했을 것이다. '우리가 언제든지 1, 2년 정도만 노력하면 다시 시장의 패권을 되찾을 수 있어.'라고 말이다. 하지만 그것은 핵심을 놓치지 않았을 때의 이야기이다. 이미 모토로라는 핵심을 놓쳐버렸고 그 핵심은 바로 음성통신 서비스가 아닌 데이터 통신 서비스였다.

이렇게 핵심에서 벗어난 모토로라는 2011년 휴대전화 제조 및 판매를 전문으로 하는 자회사를 구글Google사에 전격적으로 매각한다.[3] 통신 기술의 역사이자 이동통신 서비스의 창조자격인 모토로라가 경영난을 이기지 못하고 타 기업에 인수되어 버린 것이다. 핵심을 잃어버린 결과가 이토록 참담하다는 것을 보여주는 결과라고 하겠다.

---

3) 모토로라 모빌리티는 2014년 1월, 구글(Goole)에서 다시 중국의 레노버(Lenovo)사에 매각되게 된다.

4 / 노키아의
사례

노키아는 데이터 통신이 핵심이라는 사실을 알고 이미 1990년 대 말부터 휴대전화에 인터넷 브라우저Internet Browser를 탑재한 제품을 판매하기 시작했다. 이렇게 시장을 선도했던 노키아는 이미 코어를 놓쳐버린 모토로라가 따라갈 수 없을 정도로 코어링하고 있었다.

노키아는 2000년대에 디지털 무선통신 시장의 선두로 자리잡게 된다. 거의 모든 휴대전화 제조업체들이 노키아의 선도적인 기술을 사용하기 위해 그들에게 특허료를 지불해야 했다. 특히 휴대전화에 사용되는 운영체제Operating System는 한때 전 세계 시장 점유율 96% 이상을 차지할 정도로 독보적인 기술과 시장의 우위를 점유하고 있었다. 실로 2000년대는 노키아의 전성시대라 할 수 있었다. 그 누구도 노키아의 아성을 무너뜨릴 수 없다고 생각했다. 노키아는 이미 타인에 의해서 무너질 수 없는 커다란 존재가 되어 버린다. 적어도 2010년까지 그 누구도 무너뜨릴 수 없는 존재였음에 분명했다. 하지만 이렇게 코어했던 업체들도 핵심을 놓쳐버리는 순간 남에 의해서가 아닌 자신에 의해서 여지없이 무너지고 만다. 노키아의 경우도 그것을 여실히 증명하고 있다.

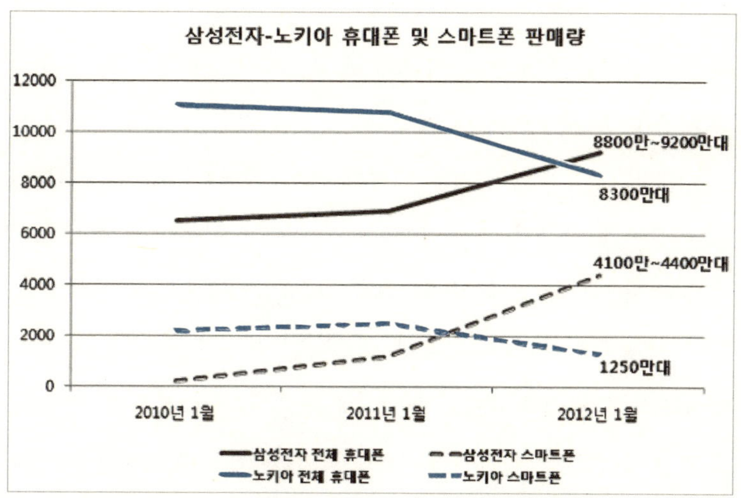

우리 속담에 부자가 망해도 3년은 먹고산다는 말이 있다. 하지만 노키아가 무너졌던 속도는 이러한 속담을 무색하게 했다. 2010년 말까지 휴대전화 시장의 1위를 굳건히 지키던 노키아는

2011년부터 사정이 달라지기 시작한다. 2011년도 말에 삼성전자에 밀려서 1위를 내주게 된다. 1998년도부터 지켜왔던 휴대전화 판매 1위의 자리를 14년 만에 내주게 된 것이다. 일반적으로 이러한 변화는 3~5년 동안 천천히 이루어지는 것이 보통이다. 그런데 노키아는 불과 2년 만에 상상할 수 없을 정도로 몰락을 경험했다. 도대체 왜 이렇게 된 것일까?

여러 가지 원인이 있겠지만, 가장 큰 이유는 시장의 변화 속도가 과거보다 빠르다는 점을 들 수 있다. 즉, 정보화 시대가 본격화되면서 변화의 속도에 가속도가 붙고 있다는 얘기다. 다시 말하면 앞으로는 지금보다 더 빨리 모든 것이 변할 것이라는 예측이 가능하다. 그렇다면 우리는 어떻게 해야 이러한 세상의 변화 속도에 맞추어 살아갈 수 있을까? 매일 새로운 무언가를 받아들이기 위해서 자신을 변화시켜야 하는 것일까? 결론부터 말하자면, 아니다. 오히려 이렇게 빠르게 변화하는 세상에 잘 적응하기 위해서는 핵심을 놓치지 않으려고 매 순간 노력해야 한다. 정보의 홍수 속에서 갈팡질팡하다가는 길을 잃고 만다. 빠르게 변화하는 세상의 핵심이 무엇인가를 한순간도 놓쳐서는 안 된다. 이것이 코어이다. 거창한 미사여구나 모양새에 현혹되지 않고 코어링해야 한다. 핵심을 바라보는 냉철한 시각을 가지고 마음이 흔들려서는 안 된다.

노키아가 무너진 현상은 어떤 코어를 잃어서일까? 그것은 스마트 기기에 대해 간과했다는 부분이다. 즉, 노키아는 디지털 이동통신 시장의 핵심이 데이터 통신이라고 믿었다. 그래서 모토로라에 앞서 디지털 이동통신 시장의 데이터 통신에 몰입했고 기술 개발을 소홀히 하지 않았다. 그리고 그 정신을 잃지 않고 2000년대를 이끌었다. 하지만 노키아는 한 단계 더 깊은 코어링을 지속했어야 했다. 즉, 디지털 이동통신 기술의 핵심은 단순히 음성보다 데이터 통신량이 더 많이 늘어난다는 사실을 넘어서, 디지털 데이터의 형태가 어플리케이션Application 형태로 진화할 것이라는 코어를 느꼈어야 했다. 좀 더 설명하자면, 어플리케이션들을 통해 사람들은 이동하면서 문화생활을 즐기고 싶어 할 것이라는 점을 간과했다. 즉, 코어에서 벗어나 기술력 자체에만 자부심을 가지고 방만한 시각과 마음에만 사로잡혔던 것 같다.

2000년대, 그들을 바라보는 세상의 존경 어린 눈빛과 스스로 가졌던 자만심은 냉철한 시각을 잃어버리게 만들었다. 2007년도 애플이 아이폰이라는 것을 세상에 내놓을 당시만 해도, 설마 4년도 안 되어 스마트폰이라는 것 때문에 자신들의 시장 지위가 흔들리게 될 줄은 꿈에도 생각하지 못했을 것이다. 결국 그들도 과거 모토로라처럼 디지털 기기에 대한 대비는 천천히 해도 좋다고 생각했을 것이다. 왜냐하면 그들은 충분한 기술력을 가지고 있었고 현재 시장을 이끌고 있다고 자부하고 있었기 때문에 그들이 만들 어놓은 영광을 즐기기에 정신이 없었다. 혹자들은 노키아가 이미 2000년대 초반부터 휴대전화에 MP3 플레이어 기능을 첨가하는 등 시장선도적인 조치를 취하고 있었다고 역설할 수도 있다. 하지만 그것은 코어가 아니다. 하나의 기능을 기존 제품에 포함하는 정도로 시장선도적 제품을 지속적으로 유지할 수 있다는 것은 코어를 아직 잘 모르고 하는 말이다. 고객이 원하는 것은 늘 함께하는 서비스이다. 단지 한두 가지 기능만이 아니다. 따라서 내용물을 모른 채 포장만 보고 시장을 분석하는 사람들의 단순한 변명일 뿐이다. 애플의 경우를 보면 알겠지만, 스마트 기기의 핵심은 시공을 초월한 무한한 콘텐츠의 제공에 있다. 단순히 기능의 제공이 아님을 코어링해야 한다. 즉, 기기에 걸맞은 다양하고 재미있는 콘텐츠가 손쉽게 제공되어야 한다. 고객들은 여기에 돈을 쓰게 되어 있다. 다시 핵심을 보라. 애플의 경우 단순히 스마트폰을 예쁘게 만들어서 오늘날 성공을 거두고 있다고 생각하는가? 애플이 가지고 있는 무기는 단순히 모양이 예쁜 이동통신 기기를 만드는 것만이 아니다. 그들이 가지고 있는 콘텐츠와 서비스들이 미래에 대한 준비가 되어 있다는 점을 기억하자.

2012년 당시 일부 분석가들은 모토로라(모토로라 모빌리티 홀딩스)의 경우처럼 노키아가 어딘가 다른 기업에 인수될 가능성에 대해서

서서히 이야기하기 시작했다. 개인적인 생각으로도 코어를 잃어버린 노키아의 미래가 그리 밝아 보이지 않았다. 가장 중요한 근거는 2012년 당시 노키아 최고 경영자가 이미 코어를 잃어버린 것으로 판단되는 미국 마이크로소프트사 출신이었기 때문이다. 그는 쓰러져가고 있는 노키아를 다시 일으켜 세우기 위한 방법으로 마이크로소프트사의 소프트웨어 기술을 활용하려 했다. 일종의 융합을 시도하고 있었다고 생각된다. 하지만 앞에서도 언급했듯이, 스마트 기기는 소프트웨어 기술만 가지고는 성공하기 어렵다. 이미 사용자들은 스마트 기기를 통해 보고 듣고 말하고 즐기고 느끼고 배우는 서비스에 빠져 있었기 때문이다. 세상은 벌써 이렇게 변했는데 당시 노키아의 새로운 최고 경영자는 감성을 잃어버린 기술 그 자체만으로 승부를 보려고 시도하고 있었던 것 같아 안타까웠다. 그렇다면 노키아가 살아남기 위해서는 어떻게 해야 했을까? 답은 간단하다. 1980년대 초반에 그들이 가졌던 마음 그 자세로 돌아가 다시 한 번 코어링했어야 했다. 마이크로소프트사 출신의 사장이라 할지라도 버릴 것은 과감하게 버리고 새로 만들어야 할 것에만 매진했어야 했다. 결국 노키아의 휴대전화 사업은 2013년 마이크로소프트사에 인수되게 된다.[1]

---

1) 2014년 10월, 마이크로소프트사는 향후 스마트폰의 상표에 노키아를 사용하지 않을 것임을 밝혔다. 노키아라는 이름은 이제 휴대전화에서 찾아 볼 수 없을 것 같다.

　이렇게 두 가지 예(모토로라와 노키아)에서도 증명되었듯이, 코어를 유지하지 못했던 기업들이 어떤 과정으로 몰락하는지를 보았다. 다시 한 번 강조하지만 코어하지 못하면 아무리 큰 공룡 기업이라 할지라도 상상할 수 없는 속도로 무너지고 만다. 반면, 코어링하고 있는 사람들이나 조직들은 반드시 세상의 선두에 서게 된다. 그리고 그 자리를 지키기 위해서는 지속적으로 코어링하는 자세를 유지할 필요가 있다.

4부

코어링의 실천

학교

세상 만물에는 반드시 핵심 요소가 있다. 그것이 물질적인 것이든 사상적인 것이든 아니면 그저 하나의 현상이든 모두 핵심 요소가 존재한다. 그런데 우리는 이러한 것들을 바라볼 때 겉으로 보이는 색깔과 모양에만 정신을 빼앗긴다. 코어가 무엇이냐고 묻는 사람들에게 이렇게 반문을 해본다. "혹시 집에 선풍기가 있나요? 그럼 그 선풍기를 동작시키면 왜 바람이 불어오는지 구체적으로 설명해 주실 수 있으세요?"라고 말이다. 좀 황당한 질문일 수도 있겠지만 생각해보라. 우리가 놓치고 있는 것들이 얼마나 많은지 말이다. 우리가 살아가는 세상은 참으로 모순된 것이 많다.

우리 모두 이미 학창 시절에 핵심이 중요하다고 배웠다. 아니라고 생각하지 말라. 사실 학교에서 배우는 모든 과목들은 핵심에 접근하기 위한 과정으로 구성되어 있다. 그런데 이것을 간과하고 시험을 잘 보기 위한 방법만을 추구해 왔었다. 대학교를 좋은 데 가기 위해서, 학위를 따기 위해서, 자격증을 얻기 위해서, 직업을 얻기 위해서 등등 겉으로 보이는 현상에 너무 집중한 나머지 핵심이 무엇인지 잊고 지내고 있다. 적어도 공대를 나온 사람[1]이라면 선풍기가 어떻게 바람을 일으키는지 설명할 수 있어야 한다. 그런데 정작 이것을 설명할 수 있는 사람은 많지 않다. 한편으로는 이렇게 생각하는 사람도 있을 것이다. '선풍기가 어떻게 바람을 일으키는지 설명할 수 있을 정도의 능력이 있는 사람만이 코어링할 수 있는 것인가?'라고 말이다. 이 책에서 이런 질문을 하는 이유는 선풍기의 동작 원리를 아는 것이 중요하다고 말하기 위함이 아니다. 학업에 임하는 목적도 모르는 채 행해지는 한심한 시간 낭비가 안타깝다는 것을 역설하고 싶어서이다. 즉, 공대를 졸업하고 집에 있는 전구 하나 교환하지 못한다면, 무엇 때문에 그 많은 시간과 돈을 낭비한단 말인가?

학창 시절 우리가 해야 하는 중요한 일은 경험을 충분히 하는 것이다. 전구가 동작하는 원리를 배우기 전에 고장 난 전구를 교환해보는 경험을 해야 한다. 그리고 어른들은 학생들이 이렇게

---

1) 꼭 대학이 아니더라도 공학을 공부한 사람이라면

할 수 있는 여건을 만들어주어야 한다. 다시 말해 코어의 중요성을 이미 학창시절에 느꼈어야 한다는 점을 강조하고 싶다. 학생들의 지능을 검사하기 전에, 학생들에게 시험공부를 강요하기 전에 먼저 해주어야 할 것들이 있다. 학생들에게 자신들을 둘러싸고 있는 것들에 대해서 생각하고 스스로 고민하고 집중하여 느낄 수 있게 해주어야 한다. 학생들이 자신을 둘러싸고 있는 핵심 요소를 느끼는 것은 실제로 학교에서 배우는 공식보다 더 중요하다. 이렇게 무언가의 핵심 요소를 알고 느껴 본 사람은 언제든지 코어링할 수 있는 능력을 갖게 된다고 생각해도 좋다. 그 분야가 무엇이든지 말이다.

경험이 코어링하는 데 가장 중요한 방법임을 재차 강조하고 싶다. 무언가를 지속적으로 관찰하고 그것에 집중하다 보면, 분명 거기에는 내가 모르는 어떤 재미있는 일들이 숨겨져 있음을 깨닫게 된다. 그리고 계속해서 몰입하다 보면, 바로 그 어떤 것의 핵심에 도달하게 된다. 핵심에 도달하게 되면, 대부분의 경우 말이나 문자로 표현하지 못하는 느낌을 얻게 된다. 즉, 온몸으로[2] 어떤 것을 깨닫게 됨을 말한다. 이러한 코어는 절대적인 시간을 필요로 한다. 그리고 반복되는 경험 속에서 시행착오를 수반하게

---

2) 머리(이성)뿐만 아니라 마음(감성)으로 느끼게 됨을 뜻한다.

된다. 그렇다면 인생에 있어서 어느 시점이 가장 코어를 경험하기에 적절한지를 생각해볼 필요가 있다. 40살을 넘긴 중년의 경우라면 사회적 여건을 고려했을 때, 시행착오가 반복되는 새로운 경험을 시도한다는 것이 그리 쉬운 일만은 아니다.

그래서 학창 시절 충분히 코어링해보기를 권장한다. 즉, 중학생 이상의 나이라면 충분히 자신의 의사를 반영하여 코어링할 수 있다. 다만, 대한민국의 경우 학생들에게 코어링할 수 있는 여건을 제공해주지 않는다. 매일 주어진 학과 공부에 시달리고 있다. 모순되게도 어른들은 아이들이 자신들에게 필요로 하는 것이 무엇인지 생각할 기회조차 주지 않는다. 무조건 시험 잘 보는 좀비가 되라고 강요하고 있다. 정말 아이들이 좀비가 되기를 바라는가? 그렇지 않다면 코어링할 수 있게 기회를 주어야 한다. 이렇게 아이들에게 기회를 주는 일은 별로 어려운 일이 아니다. 그냥 세상에 자신을 부딪칠 수 있도록 놔두면 된다. 진정으로 아이들이 코어하는 데 필요한 것은 무언가 자신이 원하거나 궁금한 것을 경험할 수 있는 시간과 혹시나 있을 수 있는 부정적인 것에 빠지지 않게 도와주는 어른들의 조력일 뿐이다. 결국 모든 것은 자기 스스로 경험해야 얻을 수 있는 것들이기 때문이다.

학생 시절에 코어를 느끼게 되면, 성인이 되어서는 모든 것에 자신감이 생기고 행복한 인생을 살기 위해 필요한 것이 진정으로 무엇인지 스스로 알아서 행동하게 된다. 때문에 결국 남들보다 훨씬 앞서 가는 행복한 인생을 살 수 있게 된다. 자신이 추구하고자 하는 인생의 그림을 설계할 수 있는 능력을 갖게 되므로 마치 미래를 예측할 수 있는 선지자처럼 두려움 없이 자신감 있는 인생을 살게 될 것이다. 더불어 사물들의 핵심을 파악하는 경험을 하게 된다면, 두 가지 이상의 것을 융합할 수 있는 능력을 갖게 된다. 융합Convergence이야말로 인간이 할 수 있는 창조의 가장 중요한 필수 요소이자 최상위 개념이라고 생각한다. 융합 이상 인간이 추구할 수 있는 창조의 방법은 없다. 융합을 거듭해나가는 작업이야말로 인간이 할 수 있는 창조 활동의 전부라 하겠다. 그런데 진정한 융합은 그 융합 주체들의 핵심을 모르면 추구할 수 없다. 따라서 진정한 융합을 할 수 있으려면 코어링이 필수적이다.

2
일상

코어링은 어려운 것이 아니다. 코어링하는 첫 번째 단계가 무조건 경험하는 것이라고 했다. 그렇다. 코어링은 경험하고 느끼고 느낀 것을 실천에 옮기는 과정이다. 어떤 준비도 필요 없다. 그냥 당장 시작하면 된다. 바로 내일부터 내가 평소에 궁금해했거나 시간이 없어서 미루어 오던, 하고 싶은 일들을 경험해보라. 이것이 코어링의 시작이다. 이제까지 소개한 코어의 예가 너무 복잡하고 어렵다면 이제부터 흔히 접하는 일상을 통해서 코어링하는 삶을 이야기해보겠다.

시골에서 농사를 짓는 할아버지와 할머니들께서는 왜 사소한 것들에 행복한 감정을 느끼시는지 생각해보았는가? 물론 세상 모든 시골 할아버지와 할머니들께서 행복한 삶을 사신다는 것은 아니다. 하지만 대부분의 시골 어르신들께서는 자식 걱정을 빼고 나면 걱정할 것 없이 사시는 분들이 많다. 여기서 중요한 것은 우리가 생각하는 사소한 것들이 실제로 우리가 살아가는 데 정말로 사소한 것들인지를 생각해볼 필요가 있다는 점이다. 억지로 역설을 하고 있다고 생각하는 사람도 있을 것이다. 하지만 생각해보자. 우리는 하루 3번 식사를 하고 때가 되면 자야 하며, 다시 아침에 일어나 나에게 주어진 일상을 보내야 한다. 그리고 그 일상이라는 것이 당장 내가 먹는 끼니와 관련이 있는 것이고 변하지 않는 진리라면 어떨까? 정말 이게 중요하지 않은 사소한 것들일까?

여기서도 우리는 평소에 어떤 현상의 본질을 보지 못하고 있음을 알 수 있다. 시골에서 농사일을 하시는 어르신들에게는 농사일 자체가 삶의 핵심이다. 때문에 농사짓는 방법에 대해서 잘 알고 있다면 살아가는 데 걱정할 것이 없게 된다. 농사가 잘되면 나와 내 가족이 먹고사는 데 문제가 없으니 당연히 걱정할 것이 없다. 나머지 주변에서 일어나는 일들은 모두 사소한 일들일 뿐이다. 그리고 그 사소한 일들 때문에 마음 아파할 일이 없다. 언제나 자신에게 있어 가장 중요한 핵심이 그들의 삶에서 벗어나 존재할 일이 없으니 말이다. 그래서 그들은 행복해한다. 농사일이라는 것은 인간이 어떻게 할 수 없는 날씨와 관련되어 있고 자신이 게으르지 않다면 절대로 속아 넘어갈 일도 없다. 결국 농부의 삶은 그 자체가 코어링인 것이다. 이러한 사실로 인해 일부 사람들이 귀농을 하고 싶어하는 것일 수도 있다. 이렇게 시골 어르신들의 삶에서 보듯이 우리가 생각하는 평범한 일상의 것들이 사실은 우리가 노력해서 코어링해야 할 핵심일 가능성이 있다. 그리고 평소에 우리는 이렇게 평범한 것들을 놓치고 살아가고 있는지도 모른다. 왜냐하면 우리가 사는 이 복잡해 보이는 세상이 우리를 너무 많이 괴롭히고 있어서 무언가 경험할 수 있는 시간을 쉽게 만들 수 없기 때문이다. 하지만 결국은 내 의지에 달려있음을 깨달아야 한다.

다시 말하지만 코어링은 엄청나고 위대한 것을 발견하려는 노력이 아니다. 내 주변에 나를 둘러싸고 있는 것들의 핵심이 무엇인지 느끼려는 시도에서 시작하면 된다. 그것이 느껴지는 순간 진정으로 몰입해서 살아가야 하는 분명한 목표(지향점)와 행복을 느끼게 되는 분명한 원인을 알게 될 것이다. 그리고 그것을 향해 가는 것이 바로 내가 살아야 할 올바른 인생임을 깨닫게 될 것이다. 결론적으로 이제부터 나에게 주어진 이 소중한 시간을 당장 보이는 현상을 부러워하거나 한탄하거나 또는 아예 자포자기 상태로 멍하니 보내지 말자. 실제로 내가 속해 있는 어디에선가 또는 내가 관심 있는 무언가의 핵심이 어떤 것인지 파악하는 일부터 시작하자.

3 인간관계

흔히 세상에서 성공하려면 '귀인'을 만나야 한다고 말한다. 우리 삶은 귀인을 언제 만날지 기다리는 것일지도 모른다. 그 기다림에서 얻은 만남을 '인연'이라고 표현하기도 하고 '기회'라고 표현하기도 한다. 그렇다면 이렇게 소중하게 생각하는 귀인이라는 존재를 만나기 위해 내가 해야 할 일은 무엇일까? 그냥 무작정 기다리면 되는 것일까? 아니면 오늘부터 무언가 목표를 정해 열심히 그 존재를 찾아 다녀야 하는 것일까? 사실 귀인을 만나는 방법이 무엇이라고 정의되어 있다면, 아마도 세상은 훨씬 삭막한 곳이 되어 있을지도 모른다. 적어도 지금보다 훨씬 재미없는 곳이 되어 있을 것이다. 대부분의 사람들이 정해져 있는 방법으로만 살고 있을 테니 말이다. 지금부터는 '귀인'이라는 뜻에 대해서 코어링해보도록 하겠다.

우리가 말하는 '귀인'은 어떤 존재일까? 나에게 무조건 좋은 것만을 전달해주고 나를 위해 시간을 만들어주고 나를 위해 참아주고 나를 위해 희생해주는 사람이 귀인일까? 아니면, 무지한 나에게 지식을 무한하게 전달해주고 항상 아무 생각 없는 나에게 올바른 길을 인도해주고 내가 힘들 때 다리가 되어주고 나의 미래를 책임져주는 안내자일까? 금방 느끼겠지만 귀인에 대한 개인적인 정의가 무엇이든지 여기에는 반드시 양면성이 존재한다. 즉, 내가 리드Lead하는 상황에서 언제나 충성스럽게 수족이 되어줄 사람이면서, 반대로 내가 어려울 때는 올바른 길로 리드해줄 사람이 바로 귀인이라는 존재다.

인간은 참 이기적이다. 어떠한 상황에서도 자신을 완벽한 슈퍼맨으로 만들어줄 존재가 바로 귀인이니 말이다. 이론적으로 이런 사람이 내 옆에 단 한 명만 있어도 인생은 곧바로 성공의 길로 접어들 것이라고 예측할 수 있다. 상상해보건대, 남들보다 적어도 2배는 빠르고 정확하게 모든 일을 처리하는 것이 가능하기 때문이다. 이런 사람이 세상에 존재하는지는 모르겠다. 영화에 나오는 슈퍼 영웅이 이런 사람이라 할지라도 그 사람이 나의 편이어야 귀인이다. 느낄지 모르겠으나, 사실 이미 귀인이 어떤 존재인지 핵심이 파악되었다. 즉, 내게 필요할 때 완벽하게 내 편이 되어

줄 사람을 뜻함을 느낄 수 있다. 귀인은 나를 슈퍼맨으로 만들어 줄 슈퍼 영웅이면서 완벽하게 내 편인 존재이다. 좀 우스꽝스러운 결론이다. 좀 더 생각해봐야겠다.

관점을 바꿔보자. 귀인에서 나로 관점을 전환해보면 귀인에 대해 좀 더 이해할 수 있게 된다. 내가 슈퍼맨이라고 가정해보자. 내가 슈퍼맨이 될 수 있다면 어떨까? 그렇다면 누군가에게 내가 귀인이 될 수 있지 않을까? 내게 필요한 귀인이 슈퍼 영웅이라면 타인이 필요한 귀인도 슈퍼 영웅일 것이다. 그렇다면 내가 슈퍼맨이라면 나는 누군가의 귀인이 될 수 있다. 관점을 바꿔보니 귀인에 대한 새로운 느낌이 온다. 나에게 필요한 귀인은 잘 모르겠지만 타인에게 내가 귀인일 수 있는 방법은 알게 되었다.

귀인은 상호 인간관계에서 비롯된 존재이다. 상호 간의 관계가 있어야 귀인이라는 명사가 성립된다. 즉, 만남을 통한 인간관계가 성립되어야 귀인인지 아닌지가 판명된다. 앞서 언급한 '완벽한 내 편'이라는 것도 결국 인간관계가 성립되었다는 것에서 출발한다. 인간관계가 아주 깊게 형성되었을 경우에만 '완벽한 내 편'이 가능할 것이다. 귀인의 핵심에 거의 근접한 것 같다. 즉, 내가 누군가의 귀인이 되기 위해서는 그와 신뢰를 바탕으로 한 깊은 인간관계가 형성되어야 한다. 그리고 이것을 바탕으로 그를 더 훌륭한 존재로 만들어줄 수 있는 능력을 갖추고 있어야 한다.

인간관계가 상호작용에 기인한다면, 나의 타인에 대한 귀인의 정의는 내가 필요한 귀인의 정의와 일치할 것이다. 결국 내가 필요한 슈퍼 영웅은 영화에서 나오는 존재가 아니고 완전히 내 편이 되어주고 나를 더 빛나게 해줄 조력자라는 것을 알 수 있다. 이런 귀인은 어딘가에 반드시 존재할 것이라는 희망도 가질 수 있다. 왜냐하면 내가 누군가의 귀인일 수 있기 때문에 내가 필요한 귀인도 어딘가에 분명히 존재할 것이기 때문이다. 이런 귀인의 존재가 있다고 확신한다면 다음 문제는 귀인을 만나는 방법이 어떤 것이냐이다.

이번에는 이러한 귀인이 있다고 가정하고 어떻게 하면 이러한 귀인을 만날 수 있는지 생각해보자. 귀인을 만나는 가장 빠르고 정확한 방법은 무엇일까? 존재에 대한 이해가 부족하다면, 이것을 증명하기 위해 직접 찾아보는 것이 가장 명확한 접근 방법일 것이다. 만일 귀인이 존재한다면 분명히 만나는 방법이 있을 것이다. 귀인에 대한 핵심이 애매하고 잘 이해되지 않기 때문에 더욱 만나고 싶은 마음이 자극된다. 나를 슈퍼맨으로 만들어 줄 슈퍼 영웅이 귀인이라니 말이다. 귀인을 만나는 방법은 사실 귀인의 정의에서 발견할 수 있다. 즉, 인간관계의 상호작용 속에서 귀인이 형성된다는 사실에 답이 있다. 동전의 양면처럼 귀인과 나는 서로 등지고 있을 뿐 이미 같이 존재하고 있기 때문이다. 내가 필요한 귀인과 타인이 필요한 귀인이 결국 같은 것이라면, 내가 먼저 타인의 귀인이 되어 주는 것이 나의 귀인을 찾는 첫 번째 행동이 될 것이다. 내 주변에 있는 사람들에게 내가 누군가의 귀인이 될 수 있을지 먼저 다가가보는 것이 필요하다. 이제 귀인을 만나는 방법에 대해서 알게 되었을 것이다.

이제까지 살아오면서 귀인을 만나는 방법이 참으로 궁금했었는데, 나름대로 여러 현인들의 표현과 세상을 오래 사신 어르신들의 말씀을 종합해봤을 때도 그 답은 분명했다. 그리고 이제까지 살아온 경험으로 코어링해볼 때 귀인을 만나는 방법을 알 수 있다. 즉, '내가 누군가의 귀인이 되는 것'이다. 귀인은 내가 변화하는 모든 상황에 나를 이상적인 위치(또는 존재)로 만들어주는 존재이다. 그러니 당연히 상대적으로 '나의 귀인'도 나를 '그 사람(귀인)의 귀인'으로 여길 수 있어야 한다. 그리고 내가 누군가의 귀인으로 먼저 다가가는 것이 코어임을 알 수 있다. 결국 '내가 그 사람의 귀인이 되면, 그 사람도 나의 귀인이 된다'는 뜻이다. 이러한 결론에 도달하기 위해 많은 시간 코어링했지만, 더 이상 귀인을 만나기 위한 좋은 방법은 찾지 못했다. 우리 모두는 누군가의 귀인이 되기 위해, 또 누군가 나의 귀인이 되어 주는 것을 기다리며 인생을 살고 있는 것이 아닐까?

좀 더 나아가 귀인을 만났다고 가정하고 귀인과의 관계를 오래 유지하는 방법은 무엇일까? 어렵게 귀인을 만나는 행운이 있었다면, 그 행운을 가능하면 오랫동안 유지하고 싶은 것이 인간의 본능일 것이다. 귀인과의 만남이 인간관계에서 비롯된다면, 상호 귀인인 관계를 유지하는 방법은 이상적인 인간관계를 오랫동안 유지하는 방법이 될 수 있다. 상호 귀인인 상태에서 내가 상대방의 귀인으로 오래 지속될 수 있다면 귀인과의 관계는 유지될 가능성이 크다. 설령 귀인과의 관계가 상대방으로 인해 다소 소홀해지는 시기가 왔다고 해도 내가 지속적으로 귀인의 위치에 있다면 관계가 유지될 것이다. 다시 말해, 스스로 상대방에게 도움을 주려 노력하는 것이 귀인과의 관계를 유지하는 유일한 방법이라는 것을 알 수 있다. 이상적인 인간관계는 상대방에게 무언가를 바라는 것이 아니라, 내가 상대방에게 무엇을 해줄 수 있을지 고민하고 실제로 그것을 실천해야 유지됨을 알 수 있다. 먼저 주고 대가를 바라지 않아야 한다.

이상적으로 내가 상대방에게 끊임없이 주는 상태가 지속된다면, 상호 관계도 영원히 지속될 수 있다. 그래도 궁금한 것이 있다. 나의 노력으로 상대방에게 나만 지속적으로 귀인인 상황이 무언가 불공평한 것 같은 느낌이다. 불행하게도 내가 필요한 귀인은 찾는 것이지, 만드는 것이 아니기 때문에 귀인이라는 존재가 되라고 할 수는 없다. 짝사랑이 대표적인 예가 될 수 있겠다. 안타깝지만, 이런 상황은 인간관계에 분명히 존재한다. 하지만 생각해 보자. 과연 귀인이라는 존재가 필요한 이유가 내가 필요해서인지 상대방이 필요해서인지를 생각해봐야 한다. 분명히 내가 필요한 것이다. 다시 말하지만, 귀인은 찾는 것이지 만드는 것이 아니다. 인간관계에 있어서 상대방이 필요한 이유는 나의 필요에 의해서 출발한 것이다. 내가 필요한 것이지, 상대방이 필요로 해서 억지로 형성되어진 것이 아니다. 관점을 바꾸어 말하면, 인간관계 형성의 새로운 점을 발견하게 된다. 내가 필요한 인간관계가 있다면 상대방에게 강요하는 것이 아니고 상대방이 스스로 인간관계를 유지하게 만들어야 한다.

인간의 소유욕은 한계가 없다. 돈이나 사회적 위치에 대한 욕심을 넘어서, 심지어 인간 자체를 소유하려 하는 경향이 있다. 과연 인간이 진정으로 소유할 수 있는 것이 있기는 한 것인지 의문이다. 한정된 시간만 살 수 있는 인간이 소유할 수 있는 것이 과연 무엇이 있겠는가? 심지어 인간을 소유하려는 욕심은 어처구니없기까지 하다. 인간관계에 있어서 빠지기 쉬운 오류가 바로 소유욕에서 시작된다는 것을 알 수 있다. 인간은 소유할 수 있는 존재가 아니다. 부모도 자식을 소유할 수 없고 부부 관계에 있어서도 상대방을 소유할 수 없다. 소유되는 관계는 불행할 것이다. 상대방의 자유를 빼앗으면서 얻는 인간관계는 결코 행복할 수 없기 때문이다. 행복하지 못한 인간관계를 유지한다는 것은 불행한 삶과 같음을 알 수 있다.

여기에 인간관계의 추가적인 코어가 있다. 즉, 소유할 수 없는 존재에 대한 욕심이 인간관계를 멀어지게 한다. 상대방과의 인간관계를 유지하려면, 내가 그에게 필요한 존재가 될 수 있도록 항상 노력해야 한다. 그리고 만일 내가 필요한 사람을 만나게 되어 인간관계가 지속적으로 필요하다면, 상대방이 내 곁에 머물게 스스로 노력해야 한다. 오늘도 '나의 귀인'을 찾아 '내가 귀인'이 되려 지속적으로 코어링하고 있다면 행복한 삶이다.

4

공부

　이제까지 코어링은 직접 경험하는 것임을 강조해왔다. 하지만 모든 것을 직접 경험해서 얻을 수는 없다. 특히 어린 학생들이 모든 것을 직접 경험한다는 것은 현실적으로 불가능할지도 모른다. 그래서 우리는 공부라는 간접 경험을 어린 시절에 하게 된다. 코어링을 통해 공부의 핵심이 무엇인지 살펴볼 필요가 있다. 요즘은 사라진 문화지만, 예전에는 대학입시가 끝나고 나면 전국 1등 한 학생의 인터뷰가 일종의 관례로 되어 있었다. 그때 반드시 기자가 하는 질문이 하나 있었다. "어떻게 공부했나요?"라고 물으면 "교과서 위주로 학교 공부에 매진했고 예습과 복습을 했을 뿐입니다." 등의 거의 유사한 대답이 나오곤 했다. 최근 유행하는 언어로 소위 '엄친아'나 '엄친딸'이 이런 학생이라고 할까? 잠도 충분히 자고 학원(과외) 다닌 적 없고 예습과 복습만 했을 뿐이다. 그런데도 대학 입학시험에서는 거의 만점에 가까운 점수를 받았고 전국 1등을 했다는 말이다.

한편으로는 참 약 오르는 인터뷰이지만 좀 다른 시각에서 바라보면 당연한 결과가 아닐 수 없다. 즉, 예습과 복습 이외에 학업에 다른 방법이 있을까? 학원에 가는 것도 결국 예습과 복습을 하기 위해서가 아닐까? 그리고 대한민국 대학 입시에 필요한 지식이 고등학교까지 배웠던 것 이외에 또 다른 무언가가 있는 걸까? 그럼에도 불구하고 불안감과 욕심이 다른 무언가가 있는 것처럼 상상하게 만들어버린 것은 아닌지 생각해볼 필요가 있다. 누군가가 "공부를 잘하려면 가장 중요한 것이 무엇입니까?"라고 묻는다면, 코어링하는 사람은 당당히 '복습'이라고 말해야 한다.

이유는 간단하다. 인간의 특성상 기억력과 사고 능력에 한계가 있다. 인간은 경험을 통해 이러한 한계를 스스로 알고 있다. 그래서 '반복'과 '기록'이라는 과정을 통해 그 기억을 오랫동안 지속시키려는 노력을 한다. 학업에 있어서 기억은 아주 중요하기 때문에 예부터 '복습'이라는 방법을 권장해왔다. 물론 '복습'은 학업에서만 중요한 것이 아니다. 인간이 살아가는 데 있어서 행복을 만들어내는 '기억하기'라는 부분을 유지시켜 주는 정신 활동이라 할 수 있겠다.

그렇다면 '복습'을 잘하는 방법에는 어떤 것들이 있는지 한번 정리해보도록 하자.

1. 정기적으로 반복하기

엄친아 같은 말이지만, 복습 방법 중에 가장 효과적인 것은 반복하는 것이다. 그것도 정기적으로 하는 것이 가장 좋은 방법이다. 하루에 한 번 해야 할 것을 정하고 1주일, 1개월에 반복해야 할 것들의 목록을 스스로 만들어놓는 것이 중요하다. 이렇게 할 수 있다면 한 번 배운 것을 평생 잊어버리지 않을 수도 있다.

2. 자신만의 기호(암호) 정하기

앞서 설명한 반복하기에 반드시 따라다녀야 하는 것이 바로 이 것이다. 즉, 인간은 모든 것을 한 번의 과정에 의해 학습할 수 없다. 사람에 따라 받아들이는 방식과 능력이 다르기 때문에 쉽게 받아들이는 것과 그렇지 못한 것이 있을 수 있다. 남에게 쉬운 문제가 나에게는 어려울 수도 있다는 뜻이다. 그래서 잘 이해가 가지 않거나, 심지어 잘못 이해할 수도 있게 된다. 공부를 할 때 이해가 가지 않거나 잘못 이해한 상태를 반복한다는 것은 무의미한 행동이 될 수 있다. 따라서 문제집을 풀거나 아니면 어떤 내용을 학습할 때 다음에 반복적인 학습을 할 때 알아볼 수 있도록 기호나 암호 같은 것을 표시해두어야 한다.

　가장 쉬운 예로 잘 이해가 가지 않았던 것에는 '?'를, 전혀 이해가 가지 않았던 것에는 'X'를 해두고 복습할 때 그것을 완전히 이해할 수 있도록 한다.

3. 메모(오답노트) 활용하기

　메모라는 것은 일종의 '힌트 모음'이다. 사람은 기계가 아니다. 사람은 기계에게는 없는 '개성'이라는 것이 있다. 즉, 나와 남이 다르다는 것이다. 그런데 이러한 개별적 특성이 어떤 때에는 방해가 되기도 한다. 즉, 버릇처럼 한번 잘못 받아들였던 것들에 대해서는 '선입견' 같은 것이 만들어진다. 선입견에 의해 어떤 특정한 문제를 지속적으로 틀리게 되는 오류를 범할 수가 있다. 이렇게 지속적으로 버릇처럼 틀리게 되는 것을 막아주는 보조 기능을 하는 것이 바로 메모(오답노트)이다. 메모는 반복 학습에서의 시간 낭비를 크게 줄여준다. 또한, 나의 약점을 보완하기 위한 가장 좋은 수단이기도 하다.

　위의 세 가지 방법은 인간의 오랜 역사를 통해 경험으로 얻어진 가장 위대한 학습 방법인 '복습'을 잘할 수 있게 만드는 요령이다.

예전에 일명 '빽빽이'라는 방법으로 공부를 했던 기억이 있다. 즉, 연습장에 빽빽하게 작은 글자를 써 가면서 공부했던 기억이다. 이러한 방법은 사실 필자가 중학교 때 몇몇 선생님들께서 숙제로 연습장 몇 장을 공부했다는 증거로 제출하라고 했던 것부터 시작되었던 것 같다. 하지만, 이렇게 무의미하게 반복하는 학습 방법은 크게 도움이 되지 않는다. 정기적이고 계획적으로 반복하는 학습이 필요하다는 것을 잊지 말기 바란다. 기억은 단순히 외우는 것이 아니다. 경험하고 이해하는 것이다. 다시 한 번 강조하지만, 아는 것과 이해하는 것은 다르다. 따라서 이해하는 것을 반복해야 진정한 깨달음을 얻을 수 있다.

5 / 리더십

코어를 통해 얻어야할 핵심 중에 현대사회에서 빠질 수 없는 것이 돈(자본)이다. 과연 돈의 핵심 가치는 무엇일까? 자본주의 사회에서 돈은 교환가치의 절대적인 수단이다. 돈으로 필요한 것을 사고 내가 가지고 있는 어떤 가치를 돈으로 환산하여 쌓아놓기도 한다. 스타트업 기업을 운영한다는 것도 결국은 훌륭한 기술적 가치를 돈으로 교환하고자 하는 경제활동이라 할 수 있겠다. 그렇다면 자본주의 사회에 살고 있는 사람들에게 있어 돈은 무엇과도 바꿀 수 없는 절대적인 가치일까?

혹자는 돈으로 살 수 없는 것들에 대해서 이야기한다. 혹자는 자본주의가 만연한 오늘날에는 돈으로 살 수 없는 것은 없다고도 한다. "돈이 전부다 Money is everything!"라고 주장하는 사람도 있다.

코어링을 통해 살펴보면, 자본주의가 팽배한 오늘날에도 돈으로
살 수 없는 것들은 너무나 많다는 것을 알 수 있다. 예를 들어보자.

돈으로 '집'을 살 수 있어도 '가정'을 살 수는 없다.
돈으로 '시계'를 살 수 있어도 '시간'을 살 수는 없다.
돈으로 '침대'를 살 수 있어도 '잠'을 살 수는 없다.
돈으로 '책'을 살 수 있어도 '지식'을 살 수는 없다.
돈으로 '의사'를 살 수 있어도 '건강'을 살 수는 없다.
돈으로 '직위'를 살 수 있어도 '존경'을 살 수는 없다.
돈으로 '피'를 살 수 있어도 '생명'을 살 수는 없다.
돈으로 '섹스'를 살 수 있어도 '사랑'을 살 수는 없다.

이렇게 돈으로 살 수 없다고 생각하는 목록을 만들어 놓는다면,
우리가 쉽게 지나칠 수 있는 것들을 바라보는 시각이 변하게 된
다. 우리가 원하는 것은 물질적인 것이라기보다는 정신적인 것에
가깝다는 것을 느낄 수 있다. 결국 돈과 교환하고 싶은 가치가 정
신적인 것에 가깝다는 뜻이다. 또, 이렇게 돈과 교환하기를 원하
는 가치는 결국 행복을 지속시키기 위한 것임을 깨닫게 된다. 다
시 돌아가보자. 자본주의 사회에서 돈이 필요한 이유는 무엇일
까? 더 넓은 의미로 살아가는 데 있어서 진정으로 필요한 것은 무

엇일까? 아마도 세상 누구나 인정하는 인생의 절대적 가치는 '행복'일 것이다. 그렇다면 자본주의 사회에서 행복하게 살기 위해서 필요한 것이 돈일까? 돈만 있으면 행복한 삶을 살 수 있을까?

하나의 명제를 만들어보자. '자본주의 사회에서 행복하게 사는 것이 돈을 필요로 하는 궁극의 목적이다'라고 말이다. 그리고 이 명제가 '참'인지 '거짓'인지 증명하기 위해, 앞서 정리된 목록들과 비교해보자. 앞에 표현된 것들(집, 시계 등)은 돈으로 살 수 있다. 하지만 우리가 원하는 것이 아니고 뒤에 표현된 것들(가정, 시간 등)이 우리가 원하는 것이다. 뒤에 표현된 것들은 돈으로 살 수 없는 것이다. 자본주의에 살고 있는 우리가 행복하게 살기 위해서 필요한 것들은 돈으로 살 수 없는 것임을 알 수 있다. 결론적으로 돈은 자본주의 사회에서 행복하게 살 수 있는 궁극의 목적이 아니라는 얘기가 된다. 돈으로 살 수 없는 것들이 결국 행복하기 위해서 궁극적으로 필요한 것들이기 때문이다.

코어링을 통해서 우리 주변에 돈으로 살 수 없는 것들이 아주 많음과 행복을 위해 필요한 것들은 대부분 돈으로 살 수 없음이 증명되었다. 이러한 사실을 인정하고 의식해야 황금만능주의에서 벗어날 수 있고 진정으로 인생에서 소중한 것을 추구해갈 수 있음을 느낄 수 있다.

그렇다면 자본주의 사회에서 돈의 가치는 무엇일까? 자본주의 세상에 살고 있는 우리는[1] 자본(돈)의 가치에 대해서 반드시 코어링해야 한다. 돈에 대한 생각(철학)은 쉬운 일이 아니다. 하지만 코어링해보면, 비교적 간단한 결론을 얻을 수 있다. 즉, 돈으로 무엇을 사고 싶은가에 대한 정의를 세워 놓으면 된다. 따라서 무조건 돈을 많이 소유하고 싶다는 생각은 지극히 1차원적인 생각이다. '돈으로 무엇을 살 것인가?'에 대한 질문을 스스로에게 던져 보고 거기서 얻은 결론을 마음속에 간직할 필요가 있겠다.

좀 다른 이야기지만, 아버지께서 돈에 대해서 이런 말씀을 자주 해주셨다. "앞으로 세상에서 가장 손쉬운 문제 해결 방법은 돈으로 해결하는 것이 될 것이다. 그리고 네가 번 것의 30%만 순수하게 네 것이라고 생각하면 세상을 살아가는 데 문제가 없을 것이다." 어린 시절 이런 말을 들었을 때, 잘 이해가 가지 않았다. 돈을 버는 것이 어려운 일이라고 하시면서도 문제 해결 방법 중 돈으로 해결하는 것이 가장 쉽다고 말씀하시니 어린 나는 이해할 수 없었다. 그리고 내가 노력해서 번 돈 중에 1/3만이 내 것이라니 나머지는 누구의 것이라는 뜻인지 알 수가 없었다.

하지만, 이제는 그것이 무슨 뜻인지 알 수 있다. '세상에는 돈으로 살 수 없는 것이 너무 많고 행복한 삶을 살아가는 데 필요한 것

---

1) 적어도 우리 자녀들 세대까지 자본주의가 이어질 것 같다.

들은 대부분 돈으로 살 수 없는 것이다. 그런데 다행히 행복한 삶에 필요한 것들 중 돈으로 살 수 있는 것이 있다면 그것은 행운이다.'라고 말이다. 또한, '돈은 사회생활에 기여한 대가로 받는 것이고 사회생활은 혼자 하는 것이 아니므로 번 돈의 전부가 나의 것이 아니다. 번 돈의 일부는 반드시 남을 위해서 사용해야 한다. 그러면 인생을 행복하게 살아가는 데 필요한 돈으로 살 수 없었던 것을 얻을 수 있다.'고 말이다. 그리고 아버지가 그러셨듯이 이 깨달음을 아이들에게도 전해줄 것이다.

여기에 더하여 한 가지 더 이야기해주고 싶은 것이 있다. 앞서 언급했듯이 인간은 행복하게 사는 것이 목적이다. 행복하기 위해서는 정신과 육체가 모두 자유로워야 한다. 다시 말하면, 세상에 태어나 의미 있는 삶을 산다는 것은 자유롭게 산다는 것과 같다. 자유롭다는 것은 하고 싶은 것을 한다는 것과 같다. 이렇게 하고 싶은 것을 하는 인생은 행복한 인생이다. 행복한 인생을 살기 위한 '수단'은 바로 '돈'이 되어야 한다. 즉, 자본주의 사회에서 '자유를 얻기 위해 필요한 시간을 사는 수단이 돈[2]"이며, '인생의 목적'은 '행복'이어야 한다.

---

2) 자본주의 사회에서 돈이 충분하면 하고 싶은 일을 할 수 있는 시간을 충분히 확보할 수 있다는 뜻이다. 코어하는 시간을 확보할 수 있다는 뜻으로 해석할 수 있다.

6
스타트업

　인간을 사회적 동물이라고 한다. 생물학적 특성으로 보나 심리학적 특성으로 봐도 이해되는 정의다. 혼자서 살아가기 어렵다는 뜻이다. 그래서 서로 관계를 맺고 살아간다. 이러한 인간관계는 약속[1]에 의해 맺어진 특수한 단위로 표현된다. 즉, 민족, 국가, 회사, 가족 등의 단위로 표현된다. 결국 인간관계가 사회를 살아가는 데 매우 중요한 의미가 있다는 것을 알 수 있다. 그렇다면 그 단위를 막론하고 사회 속에서의 인간관계가 무엇인지 코어링해보는 것이 큰 의미가 있다. 인간관계의 핵심은 무엇일까? 인간관계의 핵심에 대한 코어링을 위해 회사라는 조직을 살펴보자.

---

[1] 문서화되어 있을 수도 있고 오랜 세월을 거쳐 심리적으로 인정될 수도 있다.

1990년대 초반, IBM[2]이라는 미국 IT^{Information Technology} 회사는 큰 위기에 처하게 된다. 매출액이 줄고 적자에 허덕이게 된다. 위기를 벗어나기 위해 100년 가까이 된 회사 역사상 처음으로 감원을 하고 새로운 리더^{Leader}를 모셔 오게 된다. 1993년부터 IBM의 수장이 된 루이스 거스너^{Louis V. Gerstner Jr.} 회장은 기술적으로 새로운 개념인 클라이언트/서버^{Client/Server} 환경을 도입하고 회사를 매트릭스^{Matrix} 조직[3]으로 변화시킨다. 그리고 모바일 오피스^{Mobile Office}[4]를 전격적으로 도입한다. 당시 IBM이 모바일 오피스 개념을 도입한 이유는 신속성과 비용 절감이라는 두 마리 토끼를 동시에 잡을 수 있었기 때문이다. 즉, 업무 현장에서 결정된 사항을 즉시 실행에 옮길 수 있도록 하기 위해서 그리고 사무실 공간 확보를 위해 지출되는 고정비를 절감하기 위해서였다. 결과는 성공적이었고 IBM은 위기가 닥친 지 5년 만에 부활했다. 그리고 루이스

---

2) 1896년 창설한 회사, 1911년 타임 레코드사, 저울 제작사가 합병한 CTR(Computing Tabulating Recording Co.)이 전신이다. 1914년 토머스 왓슨(Thomas J. Watson, Sr.)을 사장으로 영입하여 급성장의 계기를 이룩하였다. 1924년 현재 이름으로 상호를 변경하고, 대공황에도 종업원을 해고하지 않는 등 독특한 경영철학을 가지고 대기업으로 성장해나갔다.

3) 상하관계에 의해 구조화되어 있는 재래 조직에 대비하여 직능(제조·판매·재무·노동 등)의 관점에서 종축을 만들고, 제품(하드웨어, 소프트웨어, 서비스 등)을 기준으로 하는 횡축을 만들어 조직화하는 방법이다.

4) 이동 가능한 PC(Personal Computer)와 휴대전화 등을 갖추고 통신망을 통해 본사에 접속하여 필요한 업무 지시를 받으며, 이동 중에 현장에서 업무를 처리하고 그 결과를 공유하는 근무 형태를 말한다.

거스너 회장은 영웅이 되었다. 이렇게 죽어가는 조직을 살려낼 수 있었던 원동력은 무엇일까? 결과적으로 조직 관리 방법의 변경이 회사를 살려낸 것으로 보인다. 매트릭스 조직과 모바일 오피스 제도를 성공적으로 도입했기 때문이라고 분석된다.

코어링을 위해 먼저 회사의 목적이 무엇인지 생각해보자. 회사는 상품을 판매하여 매출Revenue을 증가시키고 이익Profit을 극대화하는 데 목적이 있다. 이렇게 하기 위해 여러 분야의 전문가들이 필요하다. 그래서 전문가들로 구성된 조직이 필요하고 조직 활동을 통해 목적하는 바를 성취한다. 결국 내부적으로 회사의 주요 활동은 조직 관리에 있음을 알 수 있다. 그럼 조직 관리의 목표는 어떻게 설정해야 할까? 앞서 언급했듯이 회사는 이익을 극대화하는 데 목적이 있다. 이렇게 하기 위해서 필요한 것은 효율Efficiency이다. 효율이 좋으면 이익을 극대화할 수 있다. 즉, 회사의 효율을 높이는 것이 조직 관리의 목표가 되면, 회사가 존재하는 목적에 충실할 수 있다는 결론을 얻을 수 있다.

회사 경영자들이 저지르기 쉬운 실수가 있다. 바로 조직 관리이다. 특히 회사의 주인이 직접 회사를 경영하는 경우는 더더욱 조직 관리에 실패하는 경우가 많다. 왜냐하면 회사 조직 관리의 목표를 효율성에 두지 않는 오류를 범하기 쉽기 때문이다. 회사는 옳고 그름으로 조직을 관리하는 곳[5]이 아니다. 그런데 일부 경영자들을 보면, 마치 교회의 목사나 법원의 판사처럼 조직을 관리하려는 사람이 있다. 이런 사람들은 대부분 경영에 실패한다고 보면 된다. 그럼 조직 관리를 효율적으로 하는 방법은 무엇일까? 앞서 IBM의 예를 다시 살펴보자. IBM의 부활은 결국 조직을 효율적으로 관리하는 것에 성공했기 때문이다. 효율적인 조직 관리의 방법으로 매트릭스 조직과 모바일 오피스 제도 도입을 활용했다. 그렇다면, 모든 조직에 이를 도입하면 효율적인 조직 관리가 가능할까? 코어링을 통해 효율적인 조직 관리의 핵심이 무엇인지 확인해 볼 필요가 있겠다.

조직을 이루는 기본 요소는 인간이다. 결국 효율적인 조직 관리는 조직 내에 속해 있는 인간을 어떻게 효율적으로 협력하게 할지에 달려있다. 조직 내 인간관계는 입체적으로 구성된다. 상하좌우는 물론이고 한 사람을 기준으로 구를 그릴 수 있을 정도로 복잡하다. 이렇게 복잡하게 얽혀 있는 인간관계를 한마디로 규정한다는 것은 불가능한 것처럼 보인다.

운 좋게도 IBM의 부활 과정에 참여한 경험[6]을 토대로 핵심이

---

5) 옳고 그름으로 조직 관리를 해야 할 곳은 학교나 종교 집단일 것이다.
6) 필자는 1995년부터 2008년까지 IBM Korea에 근무했었다. 행운인지는 모르지만, IBM의 부활을 몸소 경험했다.

뭔지를 느낄 수 있었다. 그런데 회사의 부활을 직접 경험하면서 두 가지 의문점을 갖고 있었다. 먼저, 당시[7] IBM은 전 세계적으로 약 30만 명 이상의 직원이 있었다. 그리고 50개 이상의 주요 국가에 사무소가 있었고 각기 다른 민족으로 구성되어 있었다. 이렇게 방대한 조직을 관리하는 방법을 변화시킨다는 것이 가능한 일인지에 대해서 의문이 들었다. 아무리 효율적인 조직 관리 방법이라 할지라도 전 세계 구성원들을 모두 이해시키고 따르게 한다는 것은 거의 불가능해보였다. 두 번째는 그 제도 중 하나가 모바일 오피스라는 점이었다. 변화의 시기에 사람들이 모여 있어야 새로운 것에 서로 적응하는 것이 가능하다고 생각했기 때문이다. 그런데 우려했던 것과는 달리, 공적으로 조직 관리 방법도 바뀌었고 회사는 다시 부활했다. 의문점은 코어링의 시작이고 코어링이 필요한 순간이다.

효율적인 조직 관리 방법의 핵심은 그 구체적인 방법론에 있는 것이 아니다. 반복되는 이야기지만 조직을 구성하는 기본단위는 인간이다. 효율적인 조직은 그 구성원인 인간이 효율적으로 움직여야만 가능한 일이다. 인간이 효율적으로 상호작용 하는 방법이 결국 효율적인 조직 관리의 핵심이 될 수 있다. 그렇다면 시간과

---

7) 1993년 루이스 거스너 회장 취임 후 대량 감원이 있었고 그 후를 의미한다.

공간을 넘어 인간을 어떻게 효율적으로 상호작용하도록 만들 수 있을까? 더 나아가, 인간은 언제 가장 효율적으로 움직일까? 이미 여러 번 코어링을 통해 살펴봤듯이, 인간은 누구나 행복을 추구한다. 행복한 인간은 자유로운 인간이다. 자유로운 인간은 하고 싶은 것을 하는 인간을 말한다. 그래서 인간은 자발적인 일을 할 때 가장 효율적이 된다. 즉, 스스로 하고 싶어서 무언가를 할 때 가장 열심히 한다. 그렇다면 조직 내에서 공통의 목표를 향해 스스로 조직원들을 움직이게 하는 것은 무엇일까?

과거 IBM의 기업 정신을 표현한 표어[8]들 중 "Respect for the individual."이라는 말이 있다. 한국어로 '개인 존중'이다. 이 표어는 1962년 당시 IBM 회장이었던 토마스 왓슨 주니어Thomas Watson Jr.가 콜럼비아 대학에서 강연할 당시 했던 말이다. 이는 곧 IBM의 정신이 되었고 전 세계 IBM 직원들은 이 표어를 외우고 실천하도록 교육받았다.[9] IBM 조직 관리의 성공은 이 말에서 나온 것임을 깨닫게 되었다. 즉, 조직 내에서 구성원들을 스스로 움직이게 하는 것은 개인 존중에 있었다. IBM의 부활을 위해 효율적인 조직 관리 방법으로의 전환이 필요했고 효율적인 조직 관리

---

8) 당시 IBM의 기업 표어는 3가지였다. respect for the individual, superlative customer service and the pursuit of excellence가 그것이었다.
9) 근래 IBM은 불행히도 이 표어를 사용하지 않는다.

방법으로의 전환을 위해 조직원들이 스스로 움직여야 했다. 그리고 이것이 성공할 수 있었던 핵심 요소는 인간 존중을 강조하는 사상에 있었다.

인간 존중을 강조하는 사상은 토마스 왓슨 주니어의 인터뷰에서도 나타난다. 1950년대 승승장구하는 IBM을 취재 온 기자가 토마스 왓슨 주니어에게 질문한다. "IBM의 이렇게 승승장구할 수 있는 근본적인 이유가 무엇이라 생각하십니까?" 이 질문에 그는 이렇게 대답한다. "IBM이 성공할 수 있는 이유는 직원들입니다. 만일 내일 당장 IBM 공장에 불이나 모든 것이 사라진다고 해도, 현재의 직원들만 남아 있다면 저는 곧 다시 지금의 IBM처럼 만들 수 있습니다." 정말 눈물이 핑 돌 정도로 감동스런 표현이 아닐 수 없다. 이 정도로 상호 존중하는 사상이 있었다면 효율적으로 조직 구성원들이 활동하는 것은 당연한 일이 아닐까?

그렇다면 효율적인 구성원들을 스스로 움직이게 하는 인간 존중의 핵심은 무엇일까? 그것은 1995년 IBM에서 시작된 모바일 오피스 제도의 도입과정을 살펴보면 알 수 있다. 당시 IBM에서 모바일 오피스 제도 도입에 필요한 전산 장비 교육[10]을 담당했었

---

10) 모바일 오피스 제도 도입을 위해 IBM은 전 직원에게 노트북 PC와 휴대 전화를 나누어주었다. 회사 외부에서 노트북 PC를 활용하여 업무를 볼 수 있도록 교육하는 일을 대학 시절 인턴으로 참여하여 담당했었다.

는데, 그때를 회상하며 코어링해보면 핵심을 깨닫게 된다. 모바일 오피스 제도에 익숙해지기 위한 교육에 앞서 관리자 교육이 있었다. 당시 IBM의 모든 관리자는 별도로 모바일 오피스 제도 운영에 대한 교육을 받았는데, 여기서 강조하는 것이 있었다. 절대로 휴대전화로 직원들과 통화할 때 "지금 어디야?"라는 질문을 하지 말라는 것이었다. 왜였을까? 나중에 알게 된 사실이지만, "지금 어디야?"라는 질문은 상호 신뢰를 무너뜨리게 된다는 것이다. 즉, 모바일 오피스 제도 운영의 핵심은 조직원들 간의 상호 신뢰에 있다는 것이었다. 이제 깨달았을 것이다. 조직이 효율적이려면 구성원들이 효율적으로 움직여야 하고 구성원들이 효율적으로 움직이려면 인간 존중의 사상이 있어야 한다. 구성원들이 효율적으로 움직인다는 것은 스스로 조직의 목표를 향해 나아간다는 뜻이고 상호 존중하는 사상은 구성원들을 스스로 움직이게 한다. 그리고 구성원들 간에 상호 존중하는 원천은 신뢰를 바탕으로 해야 한다. 결론적으로 상호 신뢰하는 조직은 가장 효율적인 조직이 됨을 잊지 말자.

이번엔 효율적인 조직 관리를 위해 필수적인 조직 관리자의 리더십에 대해서 코어링해보자. 관리자는 조직 내에 신뢰를 유지하는 사람이어야 한다. 관리자는 감시인이 아니다. 조직이 효율적으로 움직일 수 있도록 신뢰라는 촉매를 불어넣는 역할을 하는 사람이다. 회사 생활에서 흔히 '쪼인다'는 말이 있다. 무언가 일정에 맞추어 결과를 더 좋게 만들려는 관리자들의 압박을 받을 때 쓰는 표현이다. 과연 '쪼임'을 당하면 효율적인 결과를 만들어 낼 수 있을까? 관리자의 역할이 쪼는 것이라면 그 관리자는 효율적으로 일하는 것일까? 일반적으로 압박하는 관리자가 많은 조직은 쇠퇴하고 있는 조직일 가능성이 높다. 무언가에 쫓기는 조직이라는 뜻이다. 전쟁터에서 무언가에 쫓기는 소대장이 올바른 판단을 할 수 없다. 목적지를 잃고 도망을 다니고 있을 가능성이 높다. 어쩌면 자신의 목숨을 유지하기 위해 소대원들의 안전마저 생각하지 못할 수도 있다. 이런 소대는 전쟁터에서 살아남기 어렵고 이들로 이루어진 군대는 전쟁에서 승리할 수 없다.

'쪼임'을 가하는 관리자들은 이렇게 변명한다. "쪼지 않으면, 일 안 한다."라고 말이다. 이 정도면 성공하기 힘든 조직이다. 어떤 조직원이든 상호 신뢰가 없으면 스스로 일하기 어렵다. 관리자가 이렇게 이야기한다면 스스로 신뢰부터 회복해야 할 것이다. 또 이렇게 변명할 수도 있다. "쪼지 않으면, 정해진 기간 내에 목표 성취는 불가능하다" 참으로 한심한 관리자라고 하겠다. 마치 자신이 모든 올바른 목표를 설정했는데, 구성원들이 게을러서 목표를 성취하지 못한다고 생각하는 것과 같다. 스스로 영리한 것으로 착각하고 있을 가능성이 높은데, 그렇지 못한 것을 인정하지 않는다.[11] 압박할 때 못할 일을 하게 된다고 생각한다면 학교교육부터 다시 받아야 할 것이다. 이미 목표하는 일을 함에 있어서 본업에 지장을 줄 정도의 목표를 정했다면, 근본부터가 잘못된 것이기 때문이다.[12]

신뢰를 바탕으로 효율적으로 움직이는 조직은 그냥 놔두어도 알아서 잘 돌아간다. 감시나 압박은 전혀 필요하지 않다. 오히려 조직원들에게 신뢰를 바탕으로 한 자유를 부여하면, 조직원들은 창의적인 결과로 보답을 하게 된다. 상호 신뢰가 있는 조직이 한 번 움직여서 일을 해결한다면, 신뢰가 없는 조직은 열 번[13]을 움직여야 할 것이다. 리더십의 핵심이 신뢰를 바탕으로 한 인간관계 형성에 있음을 느낄 것이다. 경험에 의하면, 신뢰를 바탕으로 한 리더십은 불가능한 일도 가능하게 만들 수 있다. 그리고 조직원들에게 인생에 있어서 소중한 경험인 감동을 줄 수 있다. 신뢰를 바탕으로 한 리더십을 경험하는 것은 정말 행복한 일이다. 결국 사회생활을 해야 하는 인간이 나이 들면서 해야 할 일은 신뢰를 줄 수 있는 리더십을 연마하는 것이 아닐까?

---

11) 이런 관리자들은 대부분 지식적으로 우월한 것이 조직 관리의 핵심이라고 착각하는 경향이 있다. 경험이 부족한 관리자들이 빠지기 쉬운 오류다.
12) 불가능한 목표는 압박한다고 가능하게 바뀌는 것이 아니다. 애초부터 목표 설정이 잘못 되었을 가능성이 크다.
13) 눈치 봐야 하고 생각하지 않아도 될 것을 고민해야 하니 시간 낭비가 많아진다.

돈

　정보 통신 기술의 발달은 기술을 상품에 접목시키는 속도를 빠르게 한다. 정보 통신 기술에 익숙하지 않은 사람들은 모르는 일일 수도 있지만 가까운 미래에 인간과 대화가 가능한 기계가 상용화될 것이다. 공상과학영화나 만화에서만 보던 일을 현실에서 경험할지도 모른다. 빠르게 발전하는 정보 통신 기술을 바탕으로 끊임없이 도전하는 기업들이 있다. 소위 벤처기업Venture Company이라고 하는 신생 기업들이다. 이들의 도전에 찬사를 보낸다.

　요즘은 벤처기업이라는 용어 대신 스타트업 기업Startup Company라는 말을 쓴다. 표현은 다르지만 특별한 기술을 이용해 기업을 만드는 일이다. 이러한 기업들을 특별히 벤처Venture라는 용어로 표현하는 것은 특별한 기술을 상용화하여 지속가능한 기업으로 만들어 가는 일이 어려운 일이기 때문이다. 마치 콜럼버스가 신대륙을 발견하기 위해 목숨을 건 항해를 했던 것과 같다는 의미다. 근래에 벤처라는 용어 대신 스타트업이라는 용어를 사용하는 것은 기업을 시작함에 있어 필요한 투자Investment를 손쉽게 받기 위해서다. 즉, 투자자들에게 성공확률이 낮은 무모한 일이라는 인상을 강하게 주는 벤처라는 용어보다는 '새로운 시작'이라는 의미의 스타트업이 더 좋게 비춰질 수 있기 때문이다.

일반적으로 스타트업 기업에 필요한 3가지 요소가 있다. 기술, 돈(자본), 사람을 말한다. 기술은 스타트업 기업에서 생산될 상품이 이제까지 없었던 새로운 것이거나 더 편리한 것이 될 수 있는 근거가 된다. 돈은 자본주의 사회에서 기업이 유지될 수 있는 필수요소다. 그리고 사람은 이 모든 행위를 하는 주체다.

스타트업 기업의 기술이 갖춰야 할 핵심은 상품화 가능성에 있다. 스타트업 기업을 시작하려는 기술자들이 빠지기 쉬운 오류가 있다. 그것은 기술 자체에 너무 큰 의미를 두는 것이다. 세상이 필요로 하는 것은 기술 자체가 아니고 그 기술을 이용한 상품[1]이다. 즉, 상품으로 만들어질 수 없는 기술은 스타트업 기업에 필요 없다 해도 과언이 아니다. 아무리 독창적이고 특별한 기술을 가지

---

1) 상품의 형태는 하드웨어(Hardware), 소프트웨어(Software), 서비스(Service)로 나눌 수 있다.

고 있다 해도 그것이 상품으로 만들어 질 수 없다면 그 기술을 돈으로 바꾸는 것이 불가능하다. 스타트업 기업은 결국 기술을 상품화하여 돈을 벌기 위해 존재해야 하기 때문이다. 현대사회를 초연결Hyperconnectivity 사회라고 한다. 즉, 만물이 네트워크로 연결된 사회를 말한다. 초연결 사회가 되면 세상 모든 물건(시계, TV, 냉장고, 자동차 등)이 연결되어있는 연결된 세상Connected World이 될 것이다. 그렇다면 연결된 세상에서 성공적인 상품은 어떤 것일까?

연결된 세상에서 성공적인 상품은 산업혁명 이후부터 이제까지[2] 접했던 상품과는 다른 특성을 지니고 있다. 잠시 과거로 눈을 돌려보자. 산업혁명 이후에 나와서 성공한 상품은 튼튼하고 가격이 저렴했다. 산업 기술이 발달된 시점부터[3]는 기능과 디자인이 상품의 성공과 실패를 가름했다. 하지만, 네트워크로 연결된 세상의 상품은 이제까지 성공한 상품의 특징에 서비스적인 요소가 포함되어야 한다. 연결된 세상에서는 서비스가 곧 상품으로 인식된다.[4] 연결된 세상에서 소비자들이 원하는 것은 모든 사물이 연결돼서 특별하고 재미있고 항시 제공받을 수 있는 서비스이다.

---

2) 연결된 세상(Connected World)과 구분하기 위해 산업혁명 이후부터 2014년 현재까지를 말한다.
3) 1980년대부터 일본을 필두로 전자제품의 디자인 혁명이 일어나기 시작했다.
4) 상호 연결된 상품간의 정보 교환이 연결된 세상의 상품의 주요 기능이다. 상품 간 교환되는 정보는 대부분 서비스와 관련되어 있다.

따라서 연결된 세상에서 성공하는 상품은 반드시 서비스를 포함한 상품이어야 한다. 즉, 기술과 서비스의 융합이 필요한 것이다.

여기서 말하는 서비스란 무엇일까? 예를 들어 지금 집에 있는 냉장고와 네트워크로 연결된 세상에서의 냉장고가 어떻게 다를까 생각해보자. 지금까지 냉장고는 저렴한 비용으로 음식물을 차갑게 오래 보관할 수 있으면 됐다. 물론 디자인이 예쁘고 소비 전력도 효율적이면 더 좋다. 하지만 연결된 세상에서는 냉장고가 하는 일이 능동적으로 바뀔 수 있다. 네트워크에 연결된 냉장고는 그 안에 있는 음료가 떨어질 때쯤이면 상점에 있는 다른 기기와 정보를 교환하여 자동으로 주문을 한다. 사용자는 냉장고를 구입하는 것만으로 차가운 음료를 언제든지 마실 수 있는 서비스를 제공받게 된다. 냉장고라는 상품을 코어링해보면 쉽게 이해할 수 있다. 즉, 사용자에게 냉장고가 필요했던 근본적인 이유는 차가운 음료를 언제든 마실 수 있는 서비스이다. 음료를 사서 보관하는 것[5]만이 아니라 차가운 음료를 언제든 마실 수 있는 서비스가 필요했던 것이다. 그래서 음료를 구입하고 냉장고에 보관해왔다. 여기에 소비자가 필요한 서비스[6]의 핵심이 있다. 즉, 차갑게

---

5) 상품이 제공하는 기능을 사용하는 것.

6) 일반적으로 소비자가 필요한 것을 찾아내는 일을 Market Needs와 Wants를 파악한다고 한다. Needs는 Must have(반드시 필요한 것)를 말하고 Wants는 Nice to have(있으면 좋은 것)를 말한다.

보관하는 것이 아니고 차갑게 보관된 것을 마시는 것이 소비자가 필요로 하는 서비스라는 점이다.

이번엔 서비스에 대해서 생각해보자. 서비스를 코어링하려면 관점의 변화가 필요하다. 상품을 기획할 때는 반드시 사용자를 먼저 바라봐야 한다. 일반적으로 상품 기획자들은 상품을 뚫어지게 바라보면 뭔가 답이 있을 것으로 착각한다. 하지만 사용자가 상품과 어떻게 해야 한 몸이 될 수 있을지 고민해야 한다.

네트워크로 연결된 세상에서 기업이 살아 남으려면 서비스의 코어를 느끼기 위한 훈련이 필요하다. 그렇다면 향후 연결된 세상에서 성공하는 상품을 만들기 위해서는 어떤 과정이 필요할까? 먼저 사업계획Business Plan을 수립해야 한다. 사업계획은 스타트업 기업이 지향해야 할 사업에 대해서 전반적인 계획을 수립하는 것으로 세상에 제공하고 싶은 서비스가 무엇인지를 정하고 그 서비스의 구현을 위해 필요한 자금, 인력 계획 등을 포함해야 한다. 중요한 것은 사용자들이 필요한 것이 무엇이고 그것이 왜 필요한지 핵심을 파악해 현 시점[7]에 꼭 필요한 서비스Needs, Must have, 적어도 있으면 편리한 것Wants, Have to have으로 정해야 한다. 스타트업 기업은 사업을 하려는 것이지 공상과학영화를 만들려는 것이 아니다.

---

7) 성공적인 사업의 사업 계획은 시기적으로 적절해야 하는 행운이 필요하기도 하다.

뿐만 아니라 기술을 어떻게 돈으로 바꿀 것인지 표현해야 한다. 즉, 판매 전략이 수립되어야 한다는 뜻이다. 판매 전략은 서비스가 누구에게 필요한 것인지 대상을 정하고 그 대상에 대한 접근 방법을 규정하는 것에서부터 출발한다. 상품의 판매는 결국 어떤 시장Market을 목표로 할 것인가를 정해 범위를 넓혀가게 된다. 크게는 국가 단위로 생각할 수도 있고 특정한 필요가 있을 것으로 예상되는 단체로 규정할 수도 있다. 가능하면 넓은 시장을 대상으로 판매 전략을 수립할 것을 권한다. 참고로 해마다 수치는 다르겠지만 대한민국 국민총생산GDP의 98%가 100대 재벌 기업에서 발생하며, 82% 이상이 수출입(무역)에서 발생한다. 대한민국 시장만을 목표로 한다면 2% 시장을 놓고 또 다른 스타트업 기업들과 싸워야 할지도 모른다.

판매 전략의 구체화 단계에는 상품이 사용자들에게 제공하는 서비스를 알릴 방법을 구체화해야 한다. 즉, 서비스 측면에서 목표로 정한 시장에 접근하는 방법을 구체화해야 한다. 대표적으로 상품을 직접 사용자들에게 제공할 것인지 간접적으로 제공할 것인지 선택하고 서비스 대가(판매 금액)를 어떻게 받을 것인지 계획한다.[8] 상품(서비스)을 직접 고객에게 제공하는 것은 많은 대가를

---

8) 린 스타트업(The Lean Startup, 에릭 리스(Eric Ries) 저, 2013)에서 주장하는 Lean Business Model Canvas를 활용해보는 것도 좋겠다.

필요로 한다. 예컨대 마케팅 비용이라는 것이 상상을 초월할 정도로 많이 들어갈 수 있다. 한편, 간접적으로 상품을 판매하는 전략은 상대적으로 적은 마케팅 비용이 든다. 하지만, 사용자와 직접 소통이 어려워 시장에서 빠르게 사용자의 요구Needs and Wants를 상품에 반영하기 어렵다는 단점이 있다.

사업 계획Business Plan이 완성되었다면, 서비스 계획Service Plan을 수립해야 한다. 이미 언급했듯이 사용자가 진정으로 필요로 하고 원하는 것이 무엇인지 알아야 한다. 쉬운 일이 아니다. 냉정해야 하고, 객관적이어야 한다. 가지고 있는 기술의 자부심이 자만으로 표현되어서는 안 된다. 마치 기술만으로 세상을 깜짝 놀라게 만들 수 있다고 착각해서는 안 된다. 그런 일은 절대로 일어나지 않기 때문이다. 사용자가 필요로 하고 원하는 것을 코어링할 수 있다면, 서비스 계획의 반 이상을 완성한 것이나 다름없다. 그 코어를 한 문장으로 정의해놓자. 그리고 한편으로 사용자들의 일상을 살펴보자. 정의된 문장을 그 사용자들의 일상과 대입시켜보자. 소비자와 서비스가 융합될 모습을 상상해보는 것이다.[9] 그러면 서비스 계획에 대한 확신이 생길 것이다. 사용자들의 일상에

---

9) 이러한 과정을 합리적인 가설을 증명하는 과정이라고 한다. 합리적인 가설은 수립된 서비스 계획이 실제로 소비자들의 욕구를 충족시킬 수 있도록 하는 논리들을 정리하는 것이고, 그 논리의 증명은 시장조사 등의 방법을 통해 냉철하게 진행되어야 한다.

접목될 수 없는 서비스는 외면당할 가능성이 크다. 확신을 얻었다면 다음 단계는 상품 계획Product Plan이다.

상품 계획은 사업 계획과 서비스 계획을 바탕으로 기술을 상품으로 표현하는 과정이다. 상품화를 위한 계획은 구체적이어야 한다. 제품의 설계도[10]는 기본이다. 설계도를 바탕으로 상품 속에 기술이 어떻게 포함되어야 하는지 계획한다. 초보 기술자가 보기에도 구현이 가능할 정도로 상세하고 명료한 계획이 좋다.[11] 상품 계획의 핵심은 돈과 교환이 가능해야 한다는 점이다. 일부 스타트업 기업을 시작하려는 창업자들이 오류에 빠지기 쉬운 부분이 바로 여기에 있다. 내가 가지고 있는 기술이 곧 상품이고 이것은 세상이 반드시 사용해야 하는 것이라고 착각하기 쉽다. 불행하게도 그런 상품은 존재하지 않는다. 반지의 제왕[12]이라는 영화가 있었다. 이 영화에는 '절대 반지'가 등장한다. 상품 계획을 세우는 단계에서 반지의 제왕에 나오는 '절대 반지'를 만들 생각을 해서는 안 된다. 스타트업 기업의 상품 계획 단계에서 흔히 빠지기 쉬운 오류가 '절대 반지'같은 상품을 만들었다고 착각하는 것이다. 이런 상품으로 무엇이든 할 수 있을 것 같지만, 실제로 제공하는 서

---

10) 하드웨어(Hardware)와 소프트웨어(Software)의 설계도가 모두 필요하다.

11) 대부분 이 과정에서 특허출원이 가능하다.

12) 원제는 The Lord Of The Rings이다. 피터 잭슨(Peter Jackson) 감독의 판타지 영화다.

비스는 별로 없다.[13] 결론적으로 팔릴 수 있는 것만이 상품이라는 것을 잊지 말자.

상품 계획까지 모두 끝났으면 이것을 실행에 옮길 초기 자금이 필요하다. 초기 자금을 끌어모아야 한다. 자금이라는 것은 숫자로 표현되므로 핵심은 양이다. 얼마만큼의 돈이 필요한지 계산해 봐야 한다. 많으면 좋겠지만, 역설적으로 많은 자금이 필요한 스타트업 사업은 경쟁력이 떨어진다. 왜냐하면 그만큼 많은 돈을 들여서 해야 하는 사업이라면, 누구나 돈만 있으면 할 수 있을 가능성이 높기 때문이다. 자금 계획을 세울 때 필요한 두 가지 개념이 더 있다.

첫째는 시간을 정하는 것이다. 즉, 언제까지 버텨야 하는지 판단해야 한다. 상품이 시기를 잘못 만나 성공하지 못하는 경우는 무척 많다. 아무리 뛰어난 상품 계획이라도 지금 주목받지 못하면 팔리지 않는다. 상품이 팔리지 않으면 기업은 살아남을 수 없다. 그렇다고 몇십 년을 더 같은 시도를 하면서 보낼 수도 없다.[14] 그렇게 보낼 수 있는 자금을 무제한 제공받지 못할 것이기 때문이다. 그래서 일반적으로 스타트업 기업의 초기 자금은 1년을 버

---

13) 반지의 제왕 속에서 등장하는 절대 반지는 실제로 하는 일이 별로 없다.

14) 스타트업 기업에서 초기 실패를 인정하고 선회(Pivot)하는 시점을 정하는 것은 매우 중요한 일이다.

틸 정도의 규모로 한정하는 것이 좋다. 앞서 설명한 계획의 단계에서는 자금이 필요 없었다. 하지만 모든 계획이 완성되었다고 생각하면 이제는 그것을 실험해볼 단계이다. 프로토 타입을 만들어서 계획과 같이 기술이 상품으로 구현되는지[15]를 검증해야 한다. 검증되었다면, 제품을 양산[16]하기 전에 세상에 선보여 반응을 봐야 한다.[17] 조심스럽게 영업 활동도 시작해야 한다. 이렇게 초기 1년을 보낼 계획을 이미 사업 계획 단계에서 수립했을 것이다.

초기 1년을 보낼 자금이 얼마나 필요한지 계산했다면, 이번엔 자금을 지원해줄 대상에게 내가 가지고 있는 것에서 어떤 것을 얼마나 나누어줄지 결정해야 한다. 욕심을 버리고 다시 한 번 냉정하게 자신을 돌아봐야 할 단계이다. 그리고 진정으로 스타트업 기업을 통해 얻고자 하는 것이 무엇인지 스스로 답을 할 시간이다. 주의할 점은 투자자들에게 많이 준다고 좋은 것은 아니다. 적절하게 설명될 수 있고 가치가 있는 것을 주어야 한다. 가치의 기준은 1년 후가 되겠다. 초기 투자 자금으로 1년을 운영한 후의 가치가 어떤 것일지 냉정하게 판단하고 설명할 수 있는 근거들을 만들어서 투자자에게 설명하는 과정[18]을 거쳐야 한다.

---

15) PoC(Proof of Concept)라고 한다.
16) 판매하기 위해 대량 생산하는 것을 뜻한다.
17) 상품화 검증(Beta Test 등)이라고 한다.
18) 보통 이 과정을 IR(Investor Relations)이라고 한다.

자금 계획에서 고려할 두 번째 사항은 투자자 선정이다. 초기 자금에 대한 금액 결정과 그것을 설명할 근거가 마련되었다면 투자자의 선정이 그 다음 단계다. 스타트업 기업을 시작하려는 사람들은 급한 마음에 어떤 사람이나 단체로부터 오는 자금인지 간과하는 경향이 있다. 돈에도 색깔이 있고 성격이 있다. 아무리 급해도 돈의 색깔이나 성격을 무시하면 안 된다. 나중에 큰 낭패를 보는 경우가 많다. 돈은 그 주인에 따라서 성격이 상당히 다르다. 돈의 색깔이나 성격을 파악하고 싶으면, 그 돈의 주인을 알아야 한다. 초기 스타트업 기업은 기업으로써 걸음마 단계에 있기 때문에 약한 외풍에도 쉽게 무너질 수 있음을 주의해야 한다. 그래서 가능하면 초기 자금은 예전부터 알던 지인을 통해 마련하는 것이 바람직한지도 모르겠다. 초기 자금의 주인이 돈의 성격 중 포악함을 사용하려 한다면 어떤 스타트업 기업도 살아남기 힘들다.

초기 자금 유치가 완료됐다면, 이제 실행이다. 스타트업 기업에서의 실행이라 함은 구성원들 간의 약속을 지키는 과정이다. 스타트업 초기에 뜻을 같이 하기로 한 구성원들[19] 간에 했던 약속을 실천하는 과정이란 뜻이다. 스타트업 기업의 팀웍Teamwork은 곧 생명과 같다. 아무리 뛰어난 사람들이 모여서 시작한다 해도 팀

---

19) 설립자 그룹(Founder Group)이라고 표현한다.

웍이 깨지면 곧 스타트업 기업도 끝나게 됨을 명심해야 한다. 그만큼 상호 신뢰가 중요하고, 그 신뢰를 바탕으로 한 각자의 역할이 중요하다. 구성원들 간의 역할을 기준으로 한 초기 약속[20]이 스타트업 구성의 근간임을 잊지 말아야 한다. 각자 약속된 역할을 정해진 기간 내에 완료한다면, 성공 확률은 상상을 초월할 정도로 높아진다.

여러 가지 조사를 통해 나온 통계를 보면, 2010년을 넘어서 대한민국 내 스타트업 기업이 성공할 확률은 0.2%라고 한다. 즉, 1,000개의 스타트업 기업 중 5년 이상 생존한 기업은 2개밖에 없다는 뜻이다. 대부분의 경우 두 가지 실패 원인이 있다. 즉, 영업의 실패와 팀웍의 실패가 그것이다. 영업의 실패는 외부적인 요소가 많이 작용하는 부분이라면, 팀웍의 실패는 내부적으로 붕괴를 만드는 일이다. 내부적 붕괴를 생각하면 가슴 아프다.

스타트업 기업의 3대 요소가 기술, 돈, 사람이라고 했다. 가끔 받는 질문이 있다. "3대 요소 중에 어떤 것이 가장 중요한가요?"라는 질문이다. 답하기 어렵지 않다. 경험에 의해 알고 있기 때문이다. 바로 "사람입니다"라고 자신 있게 말할 수 있다. 코어링에 의해서도 답이 사람임을 쉽게 알 수 있다. 기술도 사람이 구현하

---

20) 삼국지에 나오는 도원결의와 같은 것이라 하겠다.

는 것이고, 돈도 사람이 제공해주는 것이다. 그리고 무엇보다 중요한 상품과 서비스를 이용하는 사용자도 사람이다. 그럼에도 불구하고 돈만 있으면 사업할 수 있다거나, 기술만 있으면 사업할 수 있다고 말하는 이들이 종종 있다. 아주 위험천만한 상상이다. 사람만 있으면 기술과 돈이 따라오게 되어 있다. 스타트업 내부 관리의 핵심은 팀웍(사람)이고, 외부 영업의 핵심은 소비자(사람)이다. 스타트업 기업을 유기체라고 본다면, 그 생각의 중심엔 항상 사람이 있어야 함을 잊어서는 안 된다.

스타트업 기업에 도전하는 사람들은 행복하다. 자신이 스스로 하고 싶은 일을 하는 도전하는 삶을 살고 있기 때문이다. 이들의 삶에 늘 건강과 행복이 함께하기를 기원한다.

8

이성과
감성

아마도 세상에서 정의 내리기 가장 어려운 것 중의 하나가 '사랑'일 것이다. 무언가 한마디로 표현할 수도 없고, 그렇다고 그것이 무엇인지 느껴보지 못한 사람도 없다. 세상 모든 사람들이 비슷한 말을 한다. "사춘기를 지나서부터 지금 이 순간까지 사랑이라는 것이 무엇인지 수도 없이 찾아보고 고민해보았지만, 쉽게 한마디로 표현하는 것은 아직 못하겠습니다." 그렇다면 코어링을 통해 알아봄 직한 문제이다. 참으로 어렵고 힘든 일이기는 하다. 그래도 반드시 코어링을 통해 다루어 봐야할 부분이다. 사랑의 시작은 상대방을 좋아하는 것에서부터다. 일반적으로 상대방에게 좋은 느낌이 생기게 되고 그것이 지속되면 사랑이라는 것으로 발전한다. 그렇다면 좋은 느낌은 왜 시작되는 것일까?

예전에 한 친구가 이런 질문을 한 적이 있다. 대학교 축제 때였는데, 여자 친구를 데리고 와서 같이 저녁식사를 하고 나서 여자 친구가 집에 가고 난 후였다. "아까 그 여자아이 어때?" 정말 황당한 질문이었다. 또 질문했다. "난 그 애가 너무 예쁜데, 네가 보기엔 어때?" 더 황당한 질문이었다. 여기에 한 술 더 떴다. "난 그 애가 참 좋은데, 넌 어때?" 무슨 이런 질문을 하는지 이해가 가지 않았다. 지금도 그 친구의 질문은 이해가 가지 않는다. 자신이 좋아하는 이성을 남에게 어떠냐고 물어봐서 무슨 답을 구할 수 있다는 것인지 모르겠다. 만일 내가 좋다고 하면, 자신의 느낌과는 상관없이 좋다는 것인가? 아니면 내가 싫다고 하면, 이 역시 자신의 느낌과는 상관없이 싫어야 하는 것이란 말인가? 그 다음 질문들은 논할 필요도 없겠다.

사람이 좋고 싫은 것은 스스로의 느낌이다. 이유도 없다. 사람이 사람을 좋아하고 싫어하는 것에는 이유가 있을 수 없다. 왜냐하면, 그것은 감성적인 반응이기 때문이다. 스스로 합리화하기 위해 이유를 찾고 싶겠지만 이성적인 판단에 의한 것이 아니고 감성적인 작용에 의한 것이기에 이유가 없다. 만일 이유가 있다면 그것은 좋은 것이 아니라, 좋게 지내고 싶은 것이다. 이렇게 이유를 알 수 없는 감성적인 느낌에 대해서 정의한다는 것은 불가능한 일이다. 더군다나 그냥 좋은 것을 넘어 사랑에 대한 코어가 무엇인지를 깨닫는 것은 어쩌면 불가능한 일인지도 모르겠다. 하지만 좋은 감정에서 시작된 것이 사랑이라면, 분명히 사랑은 참 좋은 것이다. 또 이렇게 좋은 것이므로 코어를 깨달을 수 없어도 누구나 자신만의 정의와 철학을 가지고 있어야 한다. 그럼 한번 살펴보자.

　남녀 간의 사랑이나 부모와 자식 간의 사랑은 물론이고, 이외에 다른 종류의 모든 사랑이라고 표현하는 것들을 구분할 필요가 없다. 이러한 구분은 흔히 철학적 또는 학문적으로 사용하는 단위[1]일 뿐이다. 왜냐하면 이렇게 구분하려는 것은 사랑이라는 것을 잘 표현할 수 없기 때문에 만들어진 것이기 때문이다. 사랑은 그냥 사랑이다. 남녀 간의 사랑도 사랑이고 부모와 자식 간의 사랑도 사랑이다. 다른 것이 아니다. 사랑은 인간 감성의 절대적인 표현과 느낌의 상태이다. 이렇게 정의해 놓고 코어링을 시작해보자.

　사랑하게 되면 어떤 행동도 정당화된다. 이성적으로 판단하여 정당화시키는 것이 아니기 때문이다. 감성적으로 그냥 무조건적으로 받아들이게 되고 모든 사물에 존재하는 양면성(또는 다면성) 중 긍정적인 면만 극대화시키게 된다. 그렇다면 사랑하게 되면 어떤

---

[1] 사랑에 대해서 논했던 위대한 철학자들이나 정신분석학자들을 매도하는 것은 아니다. 플라톤(Plato Platon), 프로이트(Sigmund Freud)의 학설은 필자의 정신세계를 구성하는 중요한 근간이 됨을 인정한다.

행동을 하게 될까? 주변에서도 쉽게 예를 찾아 볼 수 있겠지만, 무조건 상대(이성, 자녀, 조국 등)에게 먼저 베풀게 된다. 물질적이든 정신적이든 뭐든 주고 싶어 안달이 난다. 상대가 받을 준비가 되어 있든 아니든 주어야만 직성이 풀린다. 내가 가진 가장 소중한 것들을 아낌없이 준다. 그것이 시간[2]이 될 수도 있고 생명이 될 수도 있다. 모두 돈으로 살 수 없는 것들로 행복을 위해서 필수적인 것들이다. 결국 상대방이 행복해하는 것을 느끼고 싶은 것이 사랑하게 되는 이유라 할 수 있겠다. 그러므로 '사랑은 인간 감성의 절대적인 표현과 느낌의 상태'라는 명제는 참에 가까워 보인다.

그리고 한 가지 더 코어가 있음을 알 수 있다. 일반적으로 사랑은 그 대상들 간에 주고받을 때에만 성립된다고 생각되는 경우가 많다. 하지만 인간 감성의 절대적인 표현과 느낌은 상호 작용에서 시작되는 것이 아니다. 한쪽에서 일방적으로 시작된다. 예를 들어, 부모님이 자식을 사랑하는 것은 자식이 부모님을 사랑해서 시작된 것이 아니다. 세상에서 가장 순수하고 절대적인 사랑이라고 알려져 있는 부모님의 자식 사랑도 한쪽에서 먼저 시작된다. 국가와 국민의 경우를 생각해보더라도 그렇다. 아니라고 주장하는 사람들도 많겠지만, 남녀 간의 사랑도 결국 한쪽에서 먼저 시

---

2) 시간은 인간이 가지고 있는 측정 가능한 것 중에 가장 소중한 것이다.

작된다. 결국 사랑은 내가 느끼는 것[3]이고 그 느낌의 결과로 상대 방에게 내가 가진 모든 것을 베풀게 된다는 점을 알 수 있다. 그리고 내가 베푼 것으로 인해 상대방이 행복해하는 모습을 보고 나 스스로 만족해하는 것이다. 이러한 일련의 행위를 사랑이라고 말한다.

한편 인간 정신Mental 속에는 사랑의 방해 요소가 공존하고 있다. 바로 '이성'이 그것이다. 흔히 말하는 지식이나 논리적인 사고 같은 것을 말한다. 이런 '이성Reason'이 사랑을 싹트게 하는 방아쇠인 '감성Emotion'과 늘 인간의 정신세계에 공존하고 있다. 일반적으로 공적인 인간관계에 있어서는 이성이 앞서는 것이 좋다고 하고 사적인 인간관계에 있어서는 감성을 더 많이 강조하는 것이 좋다고 한다. 하지만 인간관계를 공적인 것과 사적인 것으로 분명히 구분하기 어렵기 때문에 모든 인간관계에 있어서 이성과 감성이 공존함을 인정할 수밖에 없다. 결국 적절한 이성과 감성이 조화를 이룰 때 모든 인간관계가 순탄하게 형성됨을 알 수 있다. 하지만 훈련된 사람이 아니라면 이성과 감성의 조화는 말처럼 쉬운 것이 아니다. 쉽지 않다면 적어도 어느 쪽으로 치우치는 게 유리한 것인지 알아볼 필요가 있다.

---

3) 상대방이 나에게 느끼게 해주는 게 아니다.

사람[4]들은 이성이 훌륭한 인간을 만들어왔고 앞으로 더 멋있는 인간을 만들 것이라고 착각한다. 하지만 사실은 이와 정반대이다. 왜냐하면, 상대를 이성적으로 멋있다고 보는 것은 자신의 이성적인 판단에서 비롯된다. 그런데 이러한 이성적인 호감은 결국 오래 가지 못한다. 왜냐하면 이성적으로 판단된 조건이나 이유가 있어서일 텐데, 그 조건이나 이유가 사라지면 호감도 사라질 것이기 때문이다. 일반적으로 인간이 만들어낸 조건이나 이유는 그 상태가 오래 지속되지 못하게 마련이다. 예컨대 그것이 돈이라면 돈을 유지하는 것이 그리 쉬운 일이 아니라는 것을 인정할 것이다. 더욱이 이러한 인간관계에서는 이성적인 관계만을 유지하게 될 것이고 이성적 관계는 재미가 없다. 재미가 없으니 감성을 자극할 감동이 없다. 재미와 감동이 없는 관계는 오래 지속되기 어렵다.

다시 생각의 관점을 사랑으로 돌아가보자. 인간의 역사는 이성적인 행동보다는 감성적인 행동에 의해 훨씬 더 많이 변화되고 발전되어왔다. 왜냐하면, 인간의 행복감은 이성이 아니고 감성으로부터 시작되기 때문이다. 더 나아가 감성으로부터 시작되는 극한적인 행동은 사랑이 있어야 한다. 감성적 표현의 극한인 사랑

---

4) 소위 좀 배웠다고 하는 사람들은 더욱더

을 느낄 수 있어야 행복한 마음으로 행동을 하게 된다. 스스로 좋아서 남을 위해 하는 행동 말이다. 이러한 행동들이 있을 때 세상은 행복하게 살 수 있는 곳임에 틀림이 없다.

사랑이 없다고 가정해보자. 얼마나 이성적이어야[5] 사랑하는 연인을 위해 또는 조국을 위해 목숨을 바치겠는가? 사랑에 대한 코어링을 통해 얻어진 사랑의 느낌과는 별도로, 인생에 있어서 가장 중요한 훈련 요소 중의 하나가 감성과 이성[6]의 적절한 사용임을 알 수 있다. 너무 극단적인 이성적 행동이나 감성적 행동은 비극으로 이어질 수도 있다. 이상적인 표현이기는 하지만 '감성이 지배하는 이성'이 이끄는 삶이야말로 행복에 근접할 수 있는 가장 좋은 방법이라 생각된다. 코어링하는 인생의 과정 중에 감성을 다스리는 방법을 터득하는 것과 이성을 연마해가는 일을 소홀히 해서는 안 된다는 것도 알게 되었다.

또 하나 당연하지만 받아들이기 어려운 현실이 있다. 서로 사랑을 동시에 느낀다는 것은 엄청난 행운을 맞이한 것이다. 이런 행운을 맛보는 사람들은 흔하지 않다. 앞서 언급한 바와 같이, 사랑은 한쪽에서 일방적으로 시작되는 경우가 대부분이다. 그렇다 보니 동시에 사랑이 시작되지 못함을 안타까워할 필요가 없다. 더

---

5) 아니면 비상식적이어야 이성적 기준의 양극단을 표현한 것이다.
6) 개인적으로 이성과 감성의 상징을 지식(Knowledge)과 사랑(Love)라 생각한다.

나아가 먼저 사랑하게 된 것을 억울해하거나 부끄러워할 필요도 없다. 사랑은 본래 한쪽에서 먼저 시작하는 것이고, 다행히 상대방의 사랑이 나중에 시작되면 좋은 것이다. 만일 그렇지 않고 오랜 시간이 지나도 상대방의 사랑이 시작되지 않으면 할 수 없는 것이다. 받으려고만 하면 결국 나는 행복해질 수 없다. 그래서 인정해야 한다. 사랑은 받는 것이 아니고 절대적으로 주는 것이다. 내가 사랑하는 것이지 상대방이 나를 사랑하게 만드는 것이 아니다. 상대방이 나를 사랑하게 만드는 것을 가능하다고 생각하는 것 자체가 참 바보 같은 생각이 아닐까 싶다. 아마도 이러한 이기적인 사랑 관념은 욕심에서부터 나오는 것 같다. 상대방을 소유하고 싶어 하는 욕심에서 비롯된 것이지, 사랑하기 때문에 소유하고 싶은 것이 아니다.

인간관계에 대한 코어에서도 느낄 수 있었겠지만, 진정으로 무언가를 사랑한다면 욕심을 버리자. 사랑과 욕심은 다른 것이다. 사랑은 소유할 수 있는 게 아니다. 왜냐하면, 사랑은 물리적인 것이 아니고 정신적인 것이기 때문이다. 사랑에 도취되어 사랑하게 된 존재를 영원히 소유하고 싶은 욕심이 생길 수 있겠으나 불가능한 일이다. 과연 인간이 완벽하게 소유할 수 있는 것이 있을까? 사랑하는 자식도, 사랑하는 연인도, 세상 그 무엇도 내가 소유할 수 있는 것이 아니다. 사랑도, 사람도, 심지어 현재 자신이 속해 있는 조직도 소유할 수 있는 것이 아니다. 이런 것들을 진정으로 사랑해서 소유하고 싶다면, 반대로 그것들이 내 곁을 떠나가지 않도록 노력하자. 즉, 내가 갖고 싶은 것들이 있다면 그것을 소유하려 하지 말고 그것이 내게서 머물러 있게 하자. 사랑이 영원할 수 있는 방법은 오직 내가 영원히 줄 수 있는 마음이 들어야 함을 알 수 있다.

결론적으로 행복하기 위해서는 무언가 사랑하는 존재를 스스로 찾아야 하고 사랑해야 한다. 이것이 인생을 행복하게 살아가는 쉽고도 당연한 방법이라 하겠다.

9 / 시간

코어링은 내 주변에 있는 것들을 심도 있게 볼 수 있어서 재미있다. 그리고 그렇게 핵심을 느끼게 되는 것에서 쾌감이 느껴질 때도 있다. 이번에는 영화와 관련된 이야기를 해보려 한다. 코어링에 의한 영화 감상이 어떤 것인지 느껴보자.

오랫동안 보고 싶었던 영화였는데, 역시 보고 난 후에도 잘 봤다는 생각을 하게 만든 영화가 있었다. 영화 제목은 <어바웃 타임About Time[1]> 이다. 영화 내용을 요약하자면, 시간 여행이 가능한 남자 주인공이 20세가 넘어 자신의 사랑과 인생의 행복을 위해 과거 시간을 활용한다는 주제로 만들어진 영화다. 참 잔잔하면서

---

[1] 어바웃 타임(About Time)은 리차드 커티스(Richard Curtis) 감독이 만들었다. 2013년 공개된 영국의 로맨틱 드라마 영화이다.

도 즐겁고, 한편으로는 삶의 의미를 한 번 더 생각해보게 하는 좋은 영화다. 그리고 해당 영화의 감독 Richard Curtis이 전하고자 하는 시간 Time에 대한 개념이 코어링하는 사람들의 생각과 비슷한 것 같아서 좋다.

　시간을 주제로 한 영화였으므로 영화의 줄거리는 잠시 잊고 시간에 대해 생각해보자. 인간이 살아가는 세상은 불공평하다. 오로지 시간만이 공평하다는 것을 이미 선언한 바 있다. 그렇다면 유일하게 공평하게 주어진 시간에 대해서 코어링해보는 것은 삶에 있어 대단히 중요한 일이 된다. 시간은 인간이 지구상에 탄생하기 전부터 존재해왔다. 물리적인 것일 수도 있고 철학적인 것일 수도 있다. 시간은 형태를 가지고 있지 않다. 어떻게 존재하는지 명확하게 설명할 수 있는 사람은 없다. 시간의 존재에 대해서 명확하게 설명할 수 있다면 시간을 조절할 수 있게 될 것이다. 수많은 과학자들이 시간을 과학적으로 설명하기 위해 노력하고 있다. 하지만 시간을 과학적으로 설명한다는 것은 인간의 능력으로는 불가능한 일일지도 모른다. 분명히 존재하지만 과학적 증명이 불가능한 것들은 인간의 힘으로 조정할 수 없다. 조정할 수 없으므로 인간은 시간의 지배를 받고 살아갈 수밖에 없다.

인간이 시간에 의해 지배받는다는 의미는 어쩔 수 없이 주어진 규칙이나 법칙에 따라갈 수밖에 없다는 뜻이다. 즉, 시간은 인간에게 주어진 유한한 것이다 이렇게 유한한 것이라고 생각하면, 시간도 불공평한 것일 수 있다. 다시 말해, 인간이 태어나서 죽을 때까지의 전체 시간은 개인마다 다르기 때문에 불공평하게 주어진 것이라 생각할 수 있다. 하루를 기준으로 생각하면 누구에게나 공평하게 24시간이 주어졌지만, 인간 삶 전체를 기준으로 하면 누구나 같은 시간만큼 살 수 없다. 증명할 수 없으니 공평한 것인지 아닌지도 분간할 수 없어진다. 불가능한 과학적 증명은 훌륭한 과학자들에게 부탁하기로 하고 철학적으로 시간을 생각해보자.

시간에 대한 철학적 설명은 무엇과 관련된 것일까? 시간에 대한 물리적 증명은 시간을 이루고 있는 물질이 있다면 밝혀내고 그것이 어떻게 작용하는지 알아내는 것이다. 하지만 철학적으로 시간을 설명하려면 시간과 인간의 관계를 고려해야 한다. 철학적 의미에서 인간에게 주어진 시간을 대변하는 말로 인생이라는 표현이 있다. 어떻게 태어나서 언제 죽을지 모르는 것이 인생이다. 인생에 있어서 시간은 유한한 것이다.[2] 유한한 것이기에 낭비해서는 안 된다. 지난 시간을 다시 되돌릴 수 없으며, 앞으로 언제 끝날지도 모른다.[3] 언제, 어떻게 시작되고 끝날지 알 수 없다면, 과학적 증명의 경우와 같이 철학적으로도 시간에 대해서 명쾌하게 설명된 것은 없음을 알 수 있다. 다만, 인생이라는 표현에는 시간이 가장 중요한 의미로 내포되어 있다는 것을 알 수 있다. 시작된 것은 자의가 아니지만, 태어나 살다 보니 언제 끝날지가 가장 큰 의문이 되었기 때문이다. 시간에 대한 철학적 설명은 인생이 언제 끝날지 알 수 있는 방법을 찾는 것이라 하겠다.

이렇게 과학적으로도 증명이 불가능하고 철학적으로도 설명이 어려운 시간에 대한 인간의 궁금증은 무엇 때문에 생겨난 것일까?[4] 부족하지만 과학적 증명과 철학적 설명의 과제에 대해서 알게 된 것에 만족하고 시간에 대해서 좀 더 생각해보자.

시간은 현재를 기준으로 과거와 미래로 나눌 수 있다. 과거는 이미 지나서 알 수 있는 것이고 미래는 아직 무엇이 올지 모르는 것이다. 다만 과거의 일은 현재에 영향을 미치고 현재는 또 미래에

---

2) 과학적으로 바라볼 때, 시간은 무한한 것일 수도 있다.
3) 시간의 중요성에 대해서 사회적으로 강조한 말 중에 "시간은 돈"란 명언이 있다. 시간의 소중함을 다시 한번 생각해 보기 바란다.
4) 진심으로 바라건대, 과학적인 증명이건 철학적인 설명이건 명확하게 시간을 설명할 수 있는 현자를 만났으면 좋겠다.

영향을 미치게 된다. 이러한 사실은 시간 자체에 대한 증명이 없어도 경험에 의해 느낄 수 있다. 그렇다면, 시간의 지배를 받는 인간이 유일하게 느끼고 있는 사실(과거, 현재, 미래)을 바탕으로 무엇을 더 할 수 있을까? 알고 있는 시간에 대한 사실을 바탕으로 어떻게 행복하게 살아갈 것인가를 코어링의 주제로 삼을 수 있을 것 같다. 과거, 현재 그리고 미래와 행복한 삶과의 관계에 대해서 코어링을 해보자.

먼저, 과거가 현재의 행복에 얼마나 중요한 영향을 미치는지 생각해볼 필요가 있다. 과거의 선택들과 기회비용들이 얼마나 중요한 것이었고 또 그 선택들로 인해 영향을 받게 된 주변의 변화에 대한 책임이 얼마나 중요한지도 생각해봐야 한다. 우리 모두는 행복한 삶을 갈망하고 그 행복을 찾기 위한 여정을 살고 있다. 행복을 찾는 것이 인생이고 그렇게 보내는 인생 속에서 달고 쓴 것을 겪는 것이 바로 삶이다. 행복은 현재형임에도 불구하고 과거의 후회를 담고 있고 미래에 대한 걱정을 포함하고 있다. 불가능할지 모르는 '영원한 행복'을 찾기 위해 고민하고 또 좌절하기도 한다. 현재의 행복은 과거의 산물이고 미래의 행복은 현재의 노력에 의한 결실이다. 사람마다 그 길이에 대한 관점은 다를 수 있으나, 과거와 미래에 대해 현재의 행복과의 연관성을 정의하는 것이 인생을 행복하게 살아가는 데 중요한 역할을 한다.

　여기서, 더 코어링하기 전에 필자의 비밀 능력 한 가지를 밝힌다. 필자는 시간 여행을 할 수 있는 능력을 가지고 있다. 코어링을 통해 알게 된 것이지만, 개인적으로 인생을 살아가는 데 있어서 핵심적인 능력이 되어버렸다. 과거로 갈 수도 있고 미래로 갈 수도 있다. 과거나 미래로 가기 위해 쓰는 방법은 조용한 곳에 가서 눈을 감고 가고 싶은 시간에 벌어진 일들을 떠올린다. 아주 쉽다. 하지만 어바웃 타임이라는 영화와는 조금 다르다. 영화에서는 과거로 돌아가 그때에 일어났던 일들을 바꿀 수 있지만, 필자의 시간 여행에서는 과거의 사실을 바꿀 수 없다. 그렇게 하는 것은 금지되어 있을 뿐만 아니라, 현재의 행복에 도움이 되지 않기 때문이다. 과거로의 시간 여행은 제3자의 입장에서 지켜보는 일이 전부이다. 참 재미있는 것은 이렇게 과거로 시간 여행을 하면 그동안 옳다고 생각했던 것들과 그르다고 생각했던 것들이 뒤바뀌는 경우가 많다는 것이다. 과거에 했던 행동들을 제3자의 입장에서 보면 우스꽝스럽게 느껴질 때도 많이 있다. 그래서 과거로의 시간 여행에서 바라보고 느낀 점을 현재의 행복에 반영함으로써 복습을 하는 것이다. 그러면 곧 기분이 좋아지고 생각이 정리된다. 필자는 과거로 갈 수 있는 시간 여행[5]을 이렇게 사용한다.

---

5) 능력 코어링 능력이라 하겠다.

그렇다면 미래로의 시간 여행은 어떨까? 미래로의 시간 여행은 과거로의 경우와 다르다. 마음대로 미래를 바꾸어 놓을 수 있다. 그래서 무조건 행복한 상황으로 미래를 바꾸어 버린다. 어떤 때는 상상하는 것보다 무시무시할 정도로 험악한 미래가 있을 때도 있다. 하지만 미래로의 시간 여행에서는 마음대로 상황을 바꿀 수 있기 때문에 그냥 놔두고 볼 수가 없다. 최선을 다해서 미래를 최대한 유리하게 바꾸어 놓고 현재로 돌아온다. 경험에 의하면, 모든 미래의 일들은 원하는 대로 바꿀 수 있었다. 신기한 것은 이렇게 미래를 바꾸어 놓고 현재로 돌아올 때마다 행복한 기분이 들었다는 것이다.

지금 필자는 코어링을 통해 발전할 수 있는 정말 중요한 비밀 하나를 공개한 것이다. 평생 다른 사람들에게 말하지 않고 자손들에게만 알려주려 했던 비밀이었다. 코어링을 통하면, 누구나 자신의 과거와 미래로 가볼 수 있는 능력을 갖게 된다. 다만 이러한 능력을 평소에 인지하지 못하고 있을 뿐이다. 코어링을 통해 이러한 능력을 스스로 터득한 후에는 각자에게 주어진 시간들이 얼마나 소중하며, 현재 최선을 다해 살아가는 것이 얼마나 중요한지를 깨달을 수 있다.

코어링의 훈련을 통해서 한번 시도해보기 바란다. 즉, 자신의 과거와 미래로 갈 수 있는 능력을 키워보기 바란다. 다만, 주의할 점이 있다. 코어링을 통한 시간 여행을 하는 능력은 자신에게 좋은 방향으로 쓰면 행복을 느끼게 되지만, 나쁜 방향으로 쓰면 현재에 엄청나게 불행해질 수 있다 무조건 긍정적인 방법으로 사용하기를 바란다.

10 이별과
만남

사회적인 인간의 삶에는 항상 이별과 만남이 존재한다. 사회적 관계에 있어서 만남은 시간이 지나 이별로 바뀐다. 그리고 이별은 또 다른 만남의 시작이 되기도 한다. 만남은 순간에 대한 표현에 가깝고 상대적으로 이별은 좀 더 긴 상태를 표현한 것처럼 느껴진다. 아마도 만남은 좋은 것이어서 오래 지속되지 못함이 아쉽고, 이별은 나쁜 것이라 더 길게 느껴지는 것이 두려운 인간의 본능 때문일 것이다.

결국 감성적 느낌을 제외하면, 누구나 만남과 이별은 동전의 양면처럼 함께 존재함을 알고 있다. 그럼에도 불구하고 감성적인 본능에서 쉽게 벗어날 수 없다. 만남은 행복하지만, 이별은 불행하다고 생각하기 때문이다. 만남과 이별을 행복과 불행의 문제로 해석하는 관점은 바람직하지 않다. 인생을 살다 보면, 만남과 이별 그리고 행복의 관계를 닭이 먼저냐 달걀이 먼저냐의 문제처럼 생각될 때가 있다. 즉, 만남이 있어서 행복한 것인지, 행복하기 위해서 만나는 것인지, 그리고 이별이 있어서 불행한 것인지, 불행하지 않기 위해서 이별을 피해야 하는 것인지에 대한 고민에 빠질 수 있다. 상황에 따라 이성적으로는 판단할 수 있지만, 실제로 특별한 상황에 닥쳐있는 감성적 사람들에게는 판단할 수 없는 문제가 될 수 있다. 인생을 살아가는 데 있어서 만남과 이별이 행복한 삶과 어떤 관계가 있는지 살펴볼 필요가 있겠다. 인간관계에 항상 존재하는 만남과 이별에 대한 코어가 무엇인지 살펴보자.

새로운 만남은 늘 가슴을 떨리게 만든다. 어렸을 때도 그랬고 40이 넘은 나이에도 그렇다. 동성 간의 만남도 그렇고 이성 간의 만남도 그렇다. 또한, 나이가 어린 사람을 만나도 그렇고 나이 많은 사람을 만나도 그렇다. 더욱이 만남을 통해 새로운 것이 시작될 것 같은 기대를 하게 되면, 그 떨림은 몇 배가 된다. 그것이 새로운 일의 시작일 때도 그렇고 새로운 느낌의 시작일 때도 그렇다. 상대방을 통해 나의 무엇인가가 영향을 받게 된다는 것이 본능적으로 좋게 느껴지는 것이 인간의 특성이기 때문인 것 같다.

한편, 만남에 반드시 좋은 면만 있다는 것은 오해이다. 좋지 않은 만남도 있다. 대부분의 경우 좋지 않은 만남은 두려움을 동반

한다. 누군가에게 의무적 또는 강압적으로 무언가를 해주어야 할 때가 특히 그렇다. 뜻하지 않은 사건에 휘말려 정신적으로 자유롭지 못한 상태가 되는 것이 두렵게 느껴진다. 상황에 따라, 이런 만남은 차라리 없었으면 하는 생각까지 든다. 심한 경우, 불행한 것이라고 생각되던 이별이 빨리 왔으면 하는 마음이 들기도 한다. 만남은 행복한 것이고 이별은 불행한 것이라는 명제가 참이 아님을 알 수 있다.

하지만 대부분의 경우 새로운 만남은 늘 내가 살아있음을 느끼게 해준다. 내가 살아있기 때문에 상대방에게 나의 존재가 알려지는 것이고 또한 상대방이 살아있기 때문에 그 상대방을 통해 내 인생이 영향받기를 바라게 되는 것이다. 이렇게 서로에게 영향을 주고받게 되는 시작점이 만남이다. 만남이 있기에 인간 사회가 존재함을 알 수 있다. 만남의 코어는 인간 사회를 유지시켜 주는 시발점이다.

이미 언급했듯이 만남에는 반대개념이 있다. 동전의 양면처럼 늘 같이 따라다니는 것이 있다. 모든 만남에는 반드시 이별이 따라다닌다. 만남이 시작된 순간 이별을 준비해야 한다. 만남이 행복을 전해준다면 그 행복의 극한은 이별이다. 만남을 통해 관계가 형성되고 그 관계 속에서 삶과 행복을 느끼며 살아가는 것이 인생인데, 반드시 따라올 이별에 아파하고 슬퍼한다. 참으로 모순된 것이 인생이라 할 수 있겠다. 만남과 이별이 실과 바늘처럼 같이 존재하니 말이다. 때로는 이별이 두려워 만남을 반기지 않는 사람도 있다.

이별은 참 아픈 것임에 틀림없다. 특별한 경우를 제외하고, 만남이 있으니 이별이 존재한다고 위로하지만 이별은 너무 아프다. 그래서 이별이 어둠의 대명사인 것처럼 느껴지고 인식된다. 마치, 삶과 죽음처럼 말이다. 하지만, 이별에 반드시 나쁜 면만 있는 것은 아니다. 이별과 만남은 반복된다는 코어가 있다. 만남이 이별을 만들고 이별이 또 다른 새로운 만남을 만드는 반복성을 가지고 있다. 다른 시각에서 보면, 이별한 상태는 만남의 준비 상태라고 할 수 있다. 때문에 이별은 절대악으로 취급되어서는 안 된다. 이별의 아픔은 새로운 만남의 즐거움을 배가시킨다.

혹자는 이별에 적응하는 방법으로 새로운 것이 좋은 것이라고 감성을 훈련하라고 한다. 옛것에 대한 아쉬움이 이별의 아픔으로 오래 지속될까봐 두려워하는 것 같다. 그래서 새로운 것을 계속 추구하는 것이 이별의 아픔을 피하는 방법이라 생각하는 것 같다. 일종의 이별로 인한 아픔의 진통제라고 할까? 이별의 아픔을 이겨내는 진통제를 준비하는 것도 행복한 인생을 살아가는 좋은 방법이다. 진통제가 준비됐다면, 오늘도 새로운 만남을 기대해보자. 조만간 다가올 또 다른 이별을 준비하면서….

Epilogue

코어(Core)는 코어(Core)이다

핵심에 접근해서 느끼고 행동하는 것을 왜 굳이 코어라고 명명한 것일까? 지금 애플의 코어와 BMW의 코어를 통해 나에게 어떤 도움이 될까를 생각하는 것은 현실적으로 어려움이 있을 수 있다. 코어링이 무언가 거창한 것을 생각해내고 느껴야 하는 것이라고 본다면 그것 자체가 잘못된 접근 방법이다. 코어링은 이미 누구에게나 있는 능력이기 때문이다. 우리에게 필요한 것은 어떤 것의 크기나 모양이 아니고 그것의 느낌이다. 크기나 모양이 어떻게 생겼는지 시각적으로 보는 것은 느끼는 것과 다르다.

더 쉽게 표현하자면 여러분들은 어떤 이성이 좋은가? 잘생긴 사람? 예쁜 사람? 돈 많은 사람? 능력이 좋은 사람? 이런 추상적인 용어들이 머리 속에 떠오를 것이다. 그러나 내가 원하는 좋아하는 상대에 대해서는 정확히 표현하기 어렵다. 하지만 분명히 끌리는 상대는 존재한다. 다만, 그것을 말로 표현할 수 없을 뿐이다. 참 안타깝지만 정말 실생활에서 많이 존재하는 현상이다. 이렇게 자신이 끌리는 상대가 존재함에도 불구하고 표현하지 못하는 것은 우리가 이제까지 경험해온 말이나 문자를 어떤 것의 생긴 모양이나 크기 등을 설명하는 데에만 사용했기 때문이다. 바꾸어 표현하면, 말이나 문자라는 것은 묘사하려는 대상이 모양이나 크기 등으로 설명될 수 있는 것이어야 한다는 제약이 있다. 반면, 내가 좋아하는 이성이 어떤 사람인지는 눈으로 보는 것이 아니고 느끼는 것이다. 그렇기 때문에 말로 표현할 수 없는 것이다.

　잘 생각해보라. 정말 중요한 가치 중의 하나인 내가 사랑하는 반쪽에 대해서 말이나 문자, 또는 그림으로 표현할 수 있는지를 말이다. 분명히 그 실체는 있다. 이것이 바로 느낌이고 코어이다. 우리 주변에 있는 모든 것들은 말이나 문자 또는 그림으로 표현할 수 없는 무언가의 핵심 요소를 지니고 있다. 겉으로 보이는 것은 그저 가시광선의 장난일 뿐이다. 실제 핵심은 깨달아야 한다. 다시 말해 경험에 의해 느껴야 한다.

　경험에 의해 느끼게 되면 그 느낌은 쉽게 잊혀지지 않는다. 어떠한 학습 효과보다도 오랫동안 지속적으로 온몸에 남게 된다. 하지만 인간은 참으로 무식하고 간사해서 이렇게 소중하게 얻은 느낌을 잊어버리는 과오에 빠지기 쉽다. 바로 매 순간 느껴지는 감각들에 매료되어버리는 특성이 있기 때문이다. 눈으로 보이는 화려함,

피부로 느껴지는 안락함, 코로 느끼는 향기로움, 입으로 느껴지는 달콤함 때문에 마음으로 얻은 느낌을 쉽게 망각하게 된다. 이 순간을 이겨내어 끊임없이 핵심에서 벗어나지 않아야 한다. 그래야 얻은 것을 잃지 않게 된다. 만일 느낀 것을 유지하려면, 지금 당장 그것을 표현(기록)해 놓자.

 필자는 주장한다.

지금 하지 못하는 것은 영원히 하지 못한다.

지금 느끼지 못하는 것도 영원히 느낄 수 없을지도 모른다.

지금 할 수 있고 느끼고 있기 때문에 영원하다는 것은 착각이다.

지금 느끼는 행복을 내일 또 느낄 수 있을 것이라 생각한다면 그것도 착각이다.

내일 또 오늘같이 행복함을 느끼려면 지금보다 몇 배의 노력을 더 해야 할 것이다.

우리는 시간을 조절할 수 있는 능력을 갖고 있지 못하기 때문에,

지금 할 수 있는 것을 지금 하는 것이 우리가 행복을 느끼는 유일한 방법이다.

지금 느끼고 있는 행복감을 또 다시 찾고 싶다면, 기록으로 남겨야 한다.

기록되지 않은 행복은 잃어버린 그 어떤 물건보다 더 안타까운

것이 된다.

지금 느끼고 있는 행복은 또 다시 찾아오지 않겠지만,

기록한다면 오래 간직할 수는 있을 것이다.

행복을 느끼는 방법은 실천이고, 행복을 간직하는 방법은 기록
이다.

지금 당장 행복하려면 행동하고 그 행복을 유지하려면 기록하라!

코어링의 8단계

단계	키워드	시간	내용
1단계	시작	2개월	**객관적인 입장으로 돌아가기** 코어링을 시작하기 위해 마음을 비우고 자신을 둘러싸고 있는 모든 것들로부터 자유롭게[1] 되도록 한다. 좋은 방법으로는 일정 시간[2] 일상에서 벗어나(여행 등) 있는 것도 효과적이다.
2단계	관찰	2개월	**주변 구성요소 파악하기** 사회적으로 좇기고 있지 않다고 느껴지는 평정심의 단계에 이르러서는 내 주변을 구성하고 있는 요소들을 하나씩 나열해본다. 물질적인 것과 정신적인 것들을 모두 나열해보도록 한다. 구체적일수록 좋다. 즉, 사람, 돈, 명예, 일, 건강, 사랑, 가족 등 모든 것을 나열해야 한다. 마인드 맵(Mind Map)을 활용해보는 것도 좋겠다.
3단계	선택	1개월	**중요한 것 선택하기** 관찰을 통해 발견한 내 주변을 둘러싸고 있는 모든 구성 요소들 중 중요하다고 생각하는 5가지를 선택한다. 이렇게 선택된 5가지도 중요도에 따라서 나열한다. 즉, 5번까지의 번호를 놓고 선택된 5가지를 순서에 맞게 배열한다.

1) 마음의 빚이 없는 상태로 자신의 현 위치를 파악하는 것을 말한다. 자신의 사회적 위치를 냉정하게 파악해야 한다.

2) 필자의 경험으로는 최소한 2개월이 필요하다.

단계	키워드	시간	내용
4단계	경험	12개월	**선택된 중요한 것들과 친해지기** 선택의 시간을 통해 얻어진 소중한 5요소들을 느껴볼 시간이다. 인생에 가장 중요한 시간이 아닐 수 없다.[3] 이렇게 정해진 5가지 요소들과 보낼 시간 계획을 작성한다. 주 단위(5일)로 매일 이들과 만나야 한다. 그리고 하루를 3등분하여(8+8+8시간) 8시간은 잠을 자거나 휴식하고, 8시간은 먹고살기 위해 일을 하고, 나머지 8시간은 내 소중한 5가지와 만나는 시간을 갖는다. 즉, 8시간 중 1번부터 5번까지 3+2+1+1+1시간의 순서로 그들과 만나도록 노력한다.[4]
5단계	느낌	6개월	**친해진 것들의 느낌 정리하기** 일정 기간 경험의 시간이 지나고 나면 내가 소중하다고 생각했던 것들의 핵심 가치를 느낄 수 있게 된다. 그것이 어떤 것이든 그 핵심 가치를 깨닫게 된다. 깨달음의 순간은 어느 날 갑자기 찾아온다. 그리고 소중한 것들의 미래가 보이기 시작한다. 이때가 바로 코어링할 충분한 준비가 된 순간이다. 이 순간이 다가오면, 한 가지 요소[5]부터 그 느낌을 자신의 방식대로 정리해야 한다. 정리의 방법은 글로 표현하는 것이 바람직하겠으나 스스로 가장 자신 있는 방식(그림, 음성, 동영상 등)으로 표현하고 정리하도록 한다.

3) 우리는 일상에서 너무나 무의미한 시간을 보내고 있는지도 모른다. 정작 내가 중요하다고 생각하는 것들과 보낸 시간들이 얼마나 적은지 느끼게 될 것이다.

4) 인생이 즐거워지고 행복해질 것이다. 뿐만 아니라 내가 다른 사람이 되어가고 있음을 스스로 느끼게 될 것이다.

5) 혹은 운이 좋다면 5가지 모두

단계	키워드	시간	내용
6단계	설정	1개월	**삶의 목표 정립하기** 이제는 내가 거듭날 시간이다. 코어링하는 인생을 살아갈 시간이 된 것이다. 새롭게 길고 의미 있는 인생의 목표를 설정할 시간이 되었다. 무엇이든 상관없다. 가수가 되고 싶은가? 미술가가 되고 싶은가? 남의 눈총은 중요하지 않다. 돈도 많이 필요 없다. 살아 있는 동안 행복을 느낄 수 있는 깨달음을 얻었기 때문이다. 진정한 삶의 목표와 꿈이 정립되었으니 더 바랄 것이 없다. 이제 행복한 삶을 살기 위해서 정리된 것들을 실천하면 된다.
7단계	실천	계속	**느낀 것들을 실천하기** 이제 실천을 통해 새로운 인생을 살아가는 시간이다. 정해진 방법은 없다. 각자가 느끼고 깨달은 바대로 살아가면 된다. 매일매일이 재밌고 신나는 일상이 될 것이다. 그리고 남들도 나를 인정해줄 것이다. 행복한 삶을 살아가게 된 것이다. 실천 방법 중 가장 중요한 핵심은 융합이다. 융합이야말로 인간이 할 수 있는 가장 신에 가까운 창조의 방법이다. 내가 느낀 것들을 융합해보자. 예술과 기술의 융합도 좋고 사상과 사람의 융합도 좋다. 세상에 없던 나만의 것을 만들 수 있게 될 것이다.
8단계	몰입	계속	**포기하지 말고 지속적으로 실천하기** 인생은 긍정적인 마인드로 도전하면서 자신의 지향점을 향해 달려가는 과정이다. 영원한 가치를 추구해야 하는 것이 아니고 스스로 살아가는 과정을 추구해야 한다. 이렇게 살아가는 것이 코어링이고 이러한 삶은 행복하다. 이렇게 지당한 일을 하면서 행복하게 살아가는 방법으로 '코어' 이론을 이해하고 실천해보길 권한다.

출간후기

도서출판 행복에너지 대표이사,
대통령직속 지역발전위원회 문화복지 전문위원
권 선 복

누구나 행복한 삶을 원합니다. 하지만 좀체 손에 잡히지 않는 것이 행복입니다. 하루하루가 다르게 변하는 사회 환경 속에서 그 흐름에 발맞추어 원하는 삶을 살기란 쉬운 일이 아닙니다. 그래서 끊임없는 자기 계발과 혁신 그리고 이 사회가 요구하는 방향성에 눈을 뜨려는 시도와 노력이 필요합니다.

책 『이성을 지배하는 감성의 힘, 코어』의 출간이 반가운 이유가 여기에 있습니다. 21세기를 살아가는 현대인이라면 가만히 앉아서 행복을 기다리는 것이 아닌, 능동적으로 움직이며 스스로 행복을 찾아나서야 합니다. 이 책은 인생에 있어 원하는 바를 어떠한 방법으로 성취하고 앞으로 어떻게 살아나가야 하는지에 대하여 '코어'

라는 새로운 키워드를 통해 명명백백히 밝히고 있습니다. 또한 다양한 소재와 사례를 통해 신뢰감을 높이고 있으며 친근한 화법으로 독자의 이해를 구합니다.

ICT(정보통신 기술)라는 일반인들에게는 생소하고 어려운 분야에서 학업과 경력을 쌓았던 저자가 그동안 축적한 노하우를 이 한 권에 책에 담기 위해 보여준 열정은 무척 뜨겁고 순수한 것이었습니다. 이 책에 담긴, 21세기에 걸맞은 새로운 행복론이 많은 무기력하게 하루하루를 보내는 많은 현대인들의 삶에 활력을 불어넣어주길 기대합니다. 또한 『이성을 지배하는 감성의 힘 코어』를 접하는 모든 독자 분들의 삶에 행복과 긍정의 에너지가 팡팡팡 샘솟으시길 기원드립니다.

'행복에너지'의 해피 대한민국 프로젝트!
〈모교 책 보내기 운동〉

대한민국의 뿌리, 대한민국의 미래 **청소년·청년**들에게 **책**을 보내주세요.

많은 학교의 도서관이 가난해지고 있습니다. 그만큼 많은 학생들의 마음 또한 가난해지고 있습니다. 학교 도서관에는 색이 바래고 찢어진 책들이 나뒹굽니다. 더럽고 먼지만 앉은 책을 과연 누가 읽고 싶어 할까요? 게임과 스마트폰에 중독된 초·중고생들. 입시의 문턱 앞에서 문제집에만 매달리는 고등학생들. 험난한 취업 준비에 책 읽을 시간조차 없는 대학생들. 아무런 꿈도 없이 정해진 길을 따라서만 가는 젊은이들이 과연 대한민국을 이끌 수 있을까요?

한 권의 책은 한 사람의 인생을 바꾸는 힘을 가지고 있습니다. 한 사람의 인생이 바뀌면 한 나라의 국운이 바뀝니다. **저희 행복에너지에서는 베스트셀러와 각종 기관에서 우수도서로 선정된 도서를 중심으로 〈모교 책 보내기 운동〉을 펼치고 있습니다.** 대한민국의 미래, 젊은이들에게 좋은 책을 보내주십시오. 독자 여러분의 자랑스러운 모교에 보내진 한 권의 책은 더 크게 성장할 대한민국의 발판이 될 것입니다.

도서출판 행복에너지를 성원해주시는 독자 여러분의 많은 관심과 참여 부탁드리겠습니다.

도서출판 **행복에너지** 임직원 일동